누리과정 & 초등 교과 연계

그림책 책놀이 55

도움을 준 친구들

강승규 김다미 김수아 신아원 정민규 조규연 최태양

도움을 준 선생님

류희주 이민아 전미영 차혜경 홍수옥

초판 1쇄 인쇄 2025년 9월 3일
초판 1쇄 발행 2025년 9월 10일

지은이 송현지·이지희·김미경·김정화·최선영

발행인 장상진
발행처 (주)경향비피
등록번호 제2012-000228호
등록일자 2012년 7월 2일

주소 서울시 영등포구 양평동 2가 37-1번지 동아프라임밸리 507-508호
전화 1644-5613 | **팩스** 02) 304-5613

ⓒ송현지·이지희·김미경·김정화·최선영

ISBN 978-89-6952-630-4 03370

· 값은 표지에 있습니다.
· 파본은 구입하신 서점에서 바꿔드립니다.

누리과정 & 초등 교과 연계

그림책
책놀이
55

송현지
이지희
김미경
김정화
최선영
지음

경향BP

 들어가며

　그림책은 아이들이 자라는 과정에서 꼭 필요한 장난감이자 선생님이자 친구입니다. 그림책을 한 장 한 장 넘길 때마다 상상력이 자라고, 이야기를 들으며 마음의 온도가 따뜻해집니다. 그림 하나에도 웃음 짓고 눈을 반짝이는 아이들을 보면 그림책이 단순한 책이 아니라는 사실을 새삼 느끼게 됩니다. 아이들에게 그림책이 없다면 자유를 빼앗는 것이나 다름없지요. 책장을 넘길 자유, 상상 속을 누빌 자유, 감정을 마음껏 느낄 자유가 사라지는 것입니다.

　아이들은 그림책을 보고 듣고 느끼며 즐거움을 만끽할 자격이 있습니다. 그리고 어른들은 아이들이 그림책을 통해 행복한 시간을 보내도록 도와줄 책임이 있습니다. 단순히 책을 읽어 주는 것을 넘어 그 책을 통해 아이와 마음을 나누고, 함께 웃고, 함께 자라는 시간이 되어야 한다고 믿습니다.

　그래서 저희는 오랫동안 고민했습니다. 아이들이 더 행복하게, 더 즐겁게 그림책을 만나는 방법은 없을까? 단순한 읽기가 아닌, 더 깊고 더 따뜻한 그림책과의 만남은 어떻게 만들 수 있을까? 그리고 그 그림책을 아이 스스로 '보고 싶다!'고 느끼게 만들 수 있는 비결은 뭘까? 바로 그때 떠오른 것이 '놀이'였습니다.

　놀이는 아이들의 언어입니다. 아이들은 놀이 속에서 세상을 배우고, 자신을 표현하고, 친구와 함께하며 사회성을 키웁니다. 만약 그림책과 놀이를 연결한다면

어떨까요? 아이들은 이야기의 주인공이 되어 상상 속 세계에서 뛰놀고, 그 속에서 웃고, 상처받더라도 다시 일어서는 힘을 기르게 될 것입니다. 저희는 확신했습니다. 그림책과 놀이가 만난다면 아이들에게 더할 나위 없이 웃음 넘치는 행복한 시간이 될 거라고요.

그렇게 시작된 그림책 놀이 수업을 어느덧 수년째 하고 있습니다.

아이들은 신나서 말합니다.

"선생님, 재미있어요! 또 하고 싶어요!"

아이들의 눈빛이, 웃음이, 이야기하는 손짓이 그림책 놀이의 효과를 증명해 주었습니다.

이 책에서는 그동안 아이들과 함께했던 55개의 그림책 놀이 활동을 소개합니다. 단순히 '재미있는 활동'에만 그치지 않고, 곳곳에 문해력의 씨앗도 심어 두었습니다. 말하고, 듣고, 쓰고, 생각하는 힘이 놀이 속에서 자연스럽게 자라도록 말이죠. 독자 여러분들도 아이들과 놀면서 아이의 말과 마음을 듣고, 그 작은 변화에 귀 기울여 보시길 바랍니다. 아이가 자라는 만큼 어른도 자라게 될 테니까요.

자, 이제 책장을 넘기며 그림책 속으로, 놀이 속으로 들어가 볼까요?

들어가며 _ 4

놀이란? _ 10
책놀이란? _ 12
그림책 선정하기 _ 15
그림책 스토리텔링하기 _ 18

으쓱랄라 신체놀이

01 **내일 또 싸우자!** | 소원나무 | 쌓고! 넘기고! 와르르! _ 22
02 **모기와 춤을** | 봄개울 | 한 걸음 모기 잡기 _ 24
03 **방구석 요가** | 키즈엠 | 모루 끈 요가 _ 26
04 **산타와 함께 춤을** | 북극곰 | 산타와 함께 노래를! _ 28
05 **아이스크림 걸음** | 소원나무 | 아이스크림 걸음 쌓기 _ 32

2 생각톡톡 똑똑놀이

- 06 **까르르 깔깔** | 미세기 | 무어게? _ 36
- 07 **뭐라고 불러야 해?** | 달그림 | 너의 이름은? _ 38
- 08 **뇌가 궁금해** | 모알보알 | 뇌가 궁금해! _ 40
- 09 **누구일까요?** | 보림 | 똑똑 누구십니까? _ 42
- 10 **누구나 멈춘다** | 키즈엠 | 빙글빙글 신호등 _ 45
- 11 **돈 잘 쓰는 할머니** | 맑은물 | 사랑이 차곡차곡 네모 저금통 _ 48
- 12 **뭐든지 나라의 가나다** | 보림 | 가나다 낚시 놀이터 _ 51
- 13 **숫자 숨바꼭질** | 봄개울 | 변신 숫자 _ 54
- 14 **심장이 궁금해** | 모알보알 | 심장이 쿵쿵쿵 _ 57
- 15 **조금씩 방울토마토** | 봄개울 | 소원이 주렁주렁+조금씩 관찰일기 _ 60

3 통통통 감정놀이

- 16 **나는 어떤 아이일까** | 다봄 | 꽃얼굴 _ 66
- 17 **생일 축하해요 후~** | 다정다감 | 오르골 케이크 _ 68
- 18 **웃음이 퐁퐁퐁** | 천개의바람 | 깔깔 까꿍 _ 70
- 19 **임금님 엄지척** | 이루리북스 | 엄지척 트로피 _ 72
- 20 **좋아, 싫어 대신 뭐라고 말하지?** | 이야기공간 | 감정 모래병 - 층층이 행복이 _ 74
- 21 **너에게** | 키큰도토리 | 안아 주세요! _ 76

초록초록 환경·자연놀이

- 22 싹싹 소풍 | 토끼섬 | 싹싹 분리배출 _ 80
- 23 꽃이 필 거야 | 북극곰 | 생각꽃이 필 거야 _ 82
- 24 우리 곧 사라져요 | 노란상상 | 씨글라스 카드 _ 86
- 25 안녕? 종이 상자야 | 키즈엠 | 폐북 퍼즐 _ 88
- 26 세상에서 가장 특별한 너 | 걸음동무 | 특별한 돌멩이 _ 90

토닥토닥 함께놀이

- 27 꽃무늬 고양이 비누 | 킨더랜드 | 꽃무늬 비누 만들기 _ 94
- 28 그네 | 바이시클 | 함께 그네 _ 96
- 29 나오니까 좋다 | 사계절 | 다시 태어난 텐트 _ 98
- 30 긴긴 겨울밤 초록나무는 | 모알보알 | 허니 트리 카드 _ 101
- 31 우리 가족 만나볼래? | 후즈갓마이테일 | 양말목 가족 _ 104
- 32 엄마 셋 도시락 셋 | 책읽는곰 | 사랑 꽃 도시락 _ 108

지글보글 요리놀이

- 33 샌드위치 소풍 | 키즈엠 | 소풍 도시락 _ 112
- 34 전 놀이 | 소원나무 | 동글납작 쿠키전 _ 114
- 35 잔치국수 | 걸음동무 | 잔치국수 놀이 _ 116
- 36 산타 할아버지 우리 집에 오지 마세요! | 걸음동무 | 산타 누룽지 바크 _ 119

37 나는 누구죠? | 키즈엠 | 공룡 샐러드 _ 122
38 하늘 높이 핫케이크 | 그린북 | 하늘 높이 더 높이 _ 124
39 지구 레스토랑 | 창비 | 톡톡톡 봄비 주스 _ 126
40 귀신님! 날 보러 와요! | 천개의바람 | 으스스 주먹밥 _ 128
41 잠이 솔솔 핫초코 | 소원나무 | 수리수리 잠 솔솔 핫초코! _ 130
42 한 그릇 | 보림 | 롤리팝 케이크 _ 132
43 채소 이발소 | 미운오리새끼 | 층층 컵밥 _ 134
44 김밥의 탄생 | 봄개울 | 사각김밥 _ 136
45 마음 식당 | 킨더랜드 | 마음 식당으로 오세요! _ 138

두근두근 상상놀이

46 바니의 사계절 미용실 | 위즈덤하우스 | 모루 미용실 _ 142
47 봄 선물이 와요 | 천개의바람 | 시들지 않는 꽃 _ 144
48 엄청나게 근사하고 세상에서 가장 멋진 내 모자 | 비룡소 | 엄청난 내 모자 _ 146
49 오이 동그라미 | 시공주니어 | 오이의 변신 _ 149
50 우다다다, 달려 마을! | 한림출판사 | 우다다다 달려 마을 미니책 _ 152
51 감자가 만났어 | 후즈갓마이테일 | 변신 감자 만들기 _ 156
52 꿈을 담은 병 | 나는별 | 반짝반짝 꿈을 담은 등 _ 158
53 나에게 주는 상 | 호랑이꿈 | 나에게 주는 훨훨상 _ 160
54 무엇이든 할 수 있는 손 손 손 | 책속물고기 | 팡팡! 풍선 폭죽 _ 162
55 나는 컵이 아니야! | 토끼섬 | 상상 컵 모빌 _ 164

부록(활동지) _ 167

★ 놀이란?

놀이의 개념

- 유아들에게 놀이란 일상이고 삶이다.
- 놀이는 가장 순수한 정신적 활동이며, 유아의 놀이는 교육으로 이어진다.
- 놀이는 유아의 문제 해결력을 증진시키는 최고의 활동이다.

놀이의 특징

- **즐거움** : 놀이는 아이들에게 기쁨과 만족을 주는 활동으로 즐거움이 핵심 요소이다.
- **자발성** : 놀이는 아이들이 스스로 선택하고 자유롭게 참여하는 자발적인 활동이다.
- **상징성** : 놀이는 현실과 다른 상징적인 의미를 부여하는 활동으로 아이들은 놀이 속에서 다양한 역할을 경험하며 상상력을 키우게 된다.
- **능동적 참여** : 놀이는 아이가 주체적으로 참여하며, 능동적인 활동을 통해 다양한 능력이 발달하게 되는 과정이다.
- **과정 지향성** : 놀이는 결과보다 과정을 중시하며, 아이는 놀이 그 자체를 즐기는 데 의미를 두는 활동이다.
- **규칙 없음** : 놀이는 정해진 외부 규칙 없이 아이가 직접 규칙을 만들고 바꾸며 진행하는 자유로운 활동이다.

놀이의 유형

- **신체 놀이** : 달리기, 점프, 공놀이 등 신체를 활발히 움직이는 놀이이다. 아이들의 신체 발달과 운동 능력을 향상시키는 데 도움이 된다.
- **역할 놀이** : 아이들이 특정 역할을 맡아 상황을 재현하는 놀이이다. 예를 들어 병원 놀이, 가게 놀이 등이 있다. 사회적 기술과 상상력을 키우는 데 도움이 된다.
- **구성 놀이** : 블록, 레고, 퍼즐 등을 이용해 무언가를 만드는 놀이이다. 아이들의

창의력과 문제 해결 능력을 향상시키는 데 효과적이다.
- **규칙 있는 놀이** : 보드게임, 카드게임 등 정해진 규칙에 따라 진행되는 놀이이다. 아이들의 논리적 사고와 규칙 준수 능력을 기르는 데 도움이 된다.

놀이의 중요성

- **인지 발달** : 놀이는 아이가 새로운 개념을 배우고, 문제 해결 능력을 키우며, 창의력을 발휘할 수 있게 하는 활동이다.
- **사회성 발달** : 놀이는 아이가 또래와 상호 작용하며 협력, 소통, 갈등 해결 등 사회적 기술을 익히는 과정이다.
- **정서적 발달** : 놀이는 아이가 감정을 표현하고 스트레스를 해소하며, 자신감을 키우고 정서적 안정을 느끼게 하는 활동이다.
- **신체적 발달** : 놀이는 아이가 운동 능력을 향상시키고 건강한 신체를 유지할 수 있게 하는 신체 활동 중심의 경험이다.
- **학습 촉진** : 놀이는 아이가 자연스럽게 새로운 것을 배우고 탐구하며, 학습에 대한 긍정적인 태도를 형성하도록 돕는 활동이다.

놀이의 순환적 장점

- **놀이 → 흥미와 몰입 증가**
  아이는 놀이를 통해 재미와 즐거움을 느끼며 더욱 몰입하게 된다.
- **몰입 → 능력 향상**
  몰입 상태에서 자연스럽게 아이의 언어, 감정, 인지, 사회성, 창의력 등의 능력이 자라난다.
- **능력 향상 → 자신감 증가**
  성취감을 경험한 아이는 "나도 할 수 있어!"라는 자신감을 갖게 된다.
- **자신감 → 놀이의 확장**
  자신감 있는 아이는 더 다양한 놀이에 도전하고, 스스로 놀이를 창조하며 놀이의 폭이 넓어진다.

- **놀이 확장 → 새로운 배움으로 연결**

  새롭게 시도한 놀이를 통해 또 다른 학습, 사회 경험, 감정 표현이 일어나게 된다.

- **새로운 배움 → 다시 놀이로 연결**

  이렇게 얻은 배움은 다시 놀이 속에 녹아들어 놀이의 질과 깊이를 높이며 순환이 반복된다.

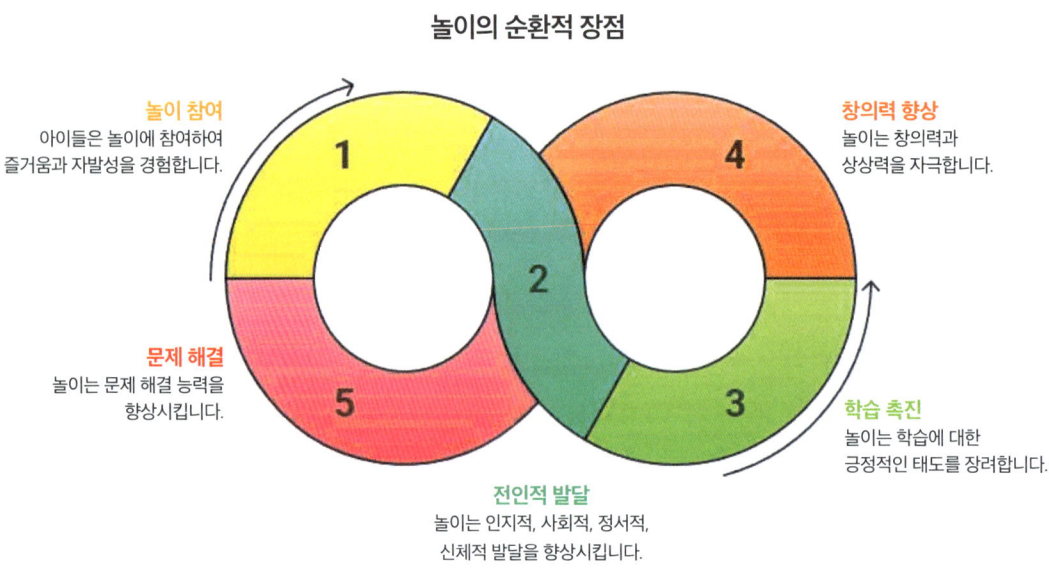

★ 책놀이란?

책놀이의 개념

책놀이는 책을 소재로 다양한 놀이 활동을 하는 것이다. 넓게 보면 '그림책을 활용한 문학 활동'에 속한다. 단순히 책을 읽는 데 그치지 않고 책의 내용을 바탕으로 창의적인 놀이를 함께 함으로써 아이가 책을 더욱 흥미롭고 깊이 있게 경험할 수 있도록 하는 활동이다.

'책 + 놀이'의 결합은 아이에게 언어, 인지, 정서, 사회성, 창의성을 동시에 길러 주는 전인적 발달 활동이다. 특히 유아에게는 놀이가 곧 공부이기 때문에 책을 어떤 놀이로 연결하느냐에 따라 아이의 성장 방향과 발달 수준에 큰 영향을 미친다.

독서　　　　　　　　　　　　창의적인 활동과　　　전인적 발달
　　　　　　　　　　　　　　　　　표현

책놀이의 목적

- **책에 대한 흥미 유발** : 책을 놀이로 즐기며 독서에 대한 관심과 호기심을 키운다.
- **문해력과 언어 능력 향상** : 읽고, 말하고, 표현하는 활동을 통해 어휘력과 이해력을 발달시킨다.
- **창의성과 상상력 발달** : 책 속 이야기를 재구성하거나 확장하며 창의적인 사고력을 기른다.
- **정서 발달과 감정 표현** : 등장인물의 감정을 느끼고 표현하며 공감 능력과 정서적 안정감을 키운다.
- **사회성 및 협동심 향상** : 역할극이나 집단 활동을 통해 소통하고 협력하는 방법을 배운다.

책놀이가 아이에게 주는 10가지 효과

- **언어 능력 향상** : 어휘력과 표현력이 자연스럽게 자란다.
- **상상력·창의력 발달** : 이야기를 새롭게 상상하며 창의력이 커진다.
- **감정 표현 능력 향상** : 등장인물의 감정을 느끼고 다양하게 감정을 표현하는 능력을 기른다.
- **문제 해결력 향상** : 이야기 속 문제를 생각하며 사고력을 키운다.
- **집중력 강화** : 줄거리를 따라가며 몰입하고 집중력을 높인다.
- **사회성 발달** : 역할극과 협동 놀이를 통해 소통하고 배려를 배운다.
- **긍정적 학습 태도 형성** : 책을 놀이로 즐기며 학습에 대한 흥미를 키운다.
- **창의적 사고력 향상** : 이야기와 연결되는 다양한 활동을 통해 창의력을 키운다.
- **자기주도 학습력 강화** : 스스로 읽고 표현하며 주도적으로 배우는 능력을 키운다.
- **기억력 향상** : 이야기를 기억하고 떠올리며 두뇌 활동을 활발히 한다.

책놀이의 10가지 효과

언어 능력
어휘력과 표현력 향상

상상력
이야기를 새롭게 상상하는 창의력 발달

감정 표현
다양하고 솔직하게 표현하는 능력

문제 해결
이야기 속 문제를 생각하는 사고력 향상

집중력
이야기에 몰입하며 집중력 강화

사회성
역할극과 협동 놀이를 통해 소통과 배려 학습

학습 태도
책을 놀이로 즐기며 학습에 대한 흥미 키우기

창의적 사고
어휘력과 표현력 향상

자기주도 학습
스스로 읽고 표현하며 주도적으로 배우기

기억력
이야기를 기억하고 떠올리며 두뇌 활동 활발히 하기

★ 그림책 선정하기

3~4세 책놀이용 그림책 고르기

- 짧고 반복적인 문장으로 쉽게 따라 하고 기억할 수 있는 책
- 감정 표현과 공감 능력을 길러 주는 책
- 리듬감 있고 반복적인 구조로 읽는 재미를 주는 책
- "이건 뭐야?" 같은 질문으로 대화를 유도하는 책
- 일상적인 소재와 친숙한 캐릭터가 나오는 책
- 입체, 소리 등 오감을 자극하는 활동 요소가 있는 책
- 숫자, 색깔, 동물 등 기초 개념이 담긴 책
- 간단하고 명확한 결말로 마무리되는 책

5~6세 책놀이용 그림책 고르기

- 모험·우정·도전 등 흥미로운 주제를 담은 책
- 감정 표현과 친구 관계를 배우는 데 도움이 되는 책
- 상상력과 창의성을 자극하는 이야기가 담긴 책
- 리듬감 있고 반복적인 문장으로 예측하며 읽는 재미가 있는 책
- 풍부하고 생생한 그림으로 이야기를 이해할 수 있는 책
- 숫자, 글자, 과학 등 기초 개념이 포함된 책
- 주인공이 문제를 극복하며 자신감을 기르는 이야기가 있는 책
- 그리기·만들기 등 책놀이 활동으로 확장 가능한 책
- 소리나 움직임 등으로 상호 작용할 수 있는 책
- 자신을 이해하고 자존감을 키울 수 있는 책

7~8세 책놀이용 그림책 고르기

- 갈등과 해결이 있는 복잡한 이야기 구조를 가진 책
- 선택과 결과를 통해 도덕적 메시지를 배우는 책
- 역사, 자연, 과학 등 지식을 담은 주제가 있는 책
- 상상 세계를 탐험하며 창의성을 자극하는 책
- 자신과 타인의 감정을 이해하고 표현하는 데 도움이 되는 책
- 다양한 주제와 인물이 등장해 시야를 넓혀 주는 책
- 질문과 토론을 통해 자기표현을 유도하는 책
- 자연, 발명 등 호기심을 자극하는 주제를 담은 책
- 인물과 상황이 풍부하게 구성된 깊이 있는 이야기의 책
- 퀴즈나 역할극 등 참여형 활동으로 연결되는 책

★ 그림책 스토리텔링하기

목소리 연기로 캐릭터 살리기

등장인물의 특징을 살려 목소리 톤과 말투를 다양하게 구연해 보세요. 등장인물의 대사나 행동을 잘 관찰해 보면 조금 더 생동감 있는 구연을 할 수 있답니다. 이처럼 생동감 있는 목소리 표현은 이야기의 재미와 상상력을 더욱 키워 줍니다.

간격과 리듬 조절하기

문장 사이에 '멈춤(포즈)'을 주거나 템포를 조절해 보세요. 이야기 흐름에 맞는 리듬은 이야기의 긴장감과 흥미를 끌어올려 줄 뿐만 아니라 청각적 재미를 줍니다.

표정과 몸짓 활용하기

등장인물의 감정에 따라 표정과 몸짓을 자연스럽게 사용해 보세요. 슬플 때는 찡그린 얼굴, 기쁠 때는 환한 미소, 무서울 때는 움츠린 몸짓으로 이야기의 분위기를 더욱 생생하게 전달할 수 있습니다. 지나치게 과장하지 말고, 자연스럽게 표현하는 것이 중요해요. 아이들은 스토리텔러의 이러한 비언어적 소통에도 깊은 공감과 흥미를 느낍니다.

소품 활용하기

그림책과 연계할 수 있는 소품을 활용해 상황을 실감 나게 표현해 보세요. 적절한 소품 활용은 시각적 집중력을 높여 주고 이야기에 몰입할 수 있도록 도와줍니다.

음향 효과 활용하기

몰입을 도와주는 배경음악이나 효과음을 사용하여 이야기의 현장감을 높여 보세요. 아주 간단한 효과음이라 할지라도 이야기에 생동감을 불어 넣어 준답니다. 아이들은 눈뿐만 아니라 귀로도 이야기를 즐기게 될 거예요.

반복과 예측 유도하기

강조해야 하는 문장이나 아이가 흥미를 갖는 문장은 반복해서 읽고, 구조적인 반복을 활용하여 예측을 유도하고 흥미를 높여 보세요. 이런 구조는 아이의 주도적 참여와 언어 감각을 키워 줍니다. 반복과 예측은 아이가 '함께 읽는 재미'를 느끼는 핵심 요소랍니다.

아이 컨택트하기

아이들과 눈을 마주쳐 상호 작용을 자연스럽게 유도해 보세요. 스토리텔링을 할 때 아이들과 눈을 마주치는 것은 단순한 동작이 아니라 아이의 마음과 연결되는 강력한 소통 도구입니다. 눈을 맞추는 순간 이야기에 더 정서적으로 가까워지고, 자연스럽게 이야기 속으로 빠져들게 됩니다.

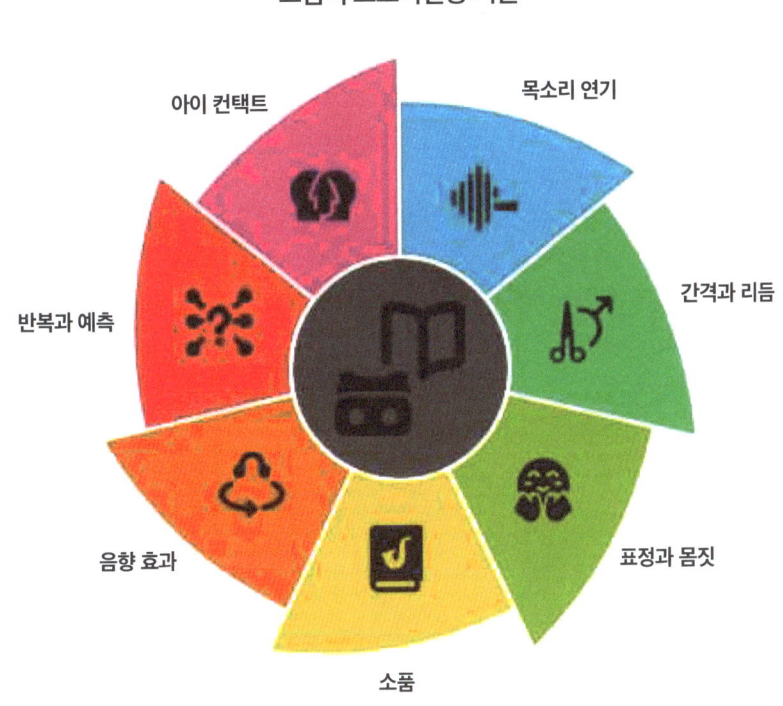

으쓱랄라
신체놀이

몸을 움직이며 '나도 할 수 있다!'는 자신감을 키워요.
뛰고 구르고 흔들면서 에너지를 마음껏 발산해요.
놀다 보면 몸도 튼튼해지고, 움직이는 즐거움이 생기죠.
도전하고 해내는 경험을 통해 자존감도 자라나요.

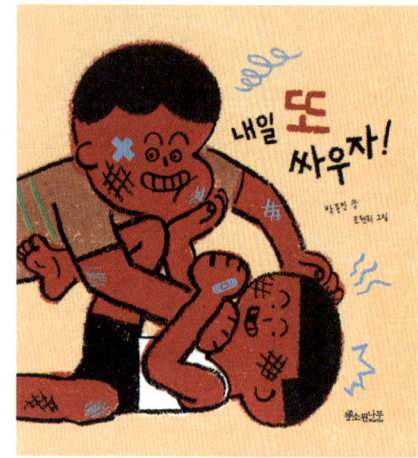

01 내일 또 싸우자

박종진 글 | 조원희 그림 | 소원나무

#순우리말 #싸움 #규칙 #친구 #전통놀이 #옛놀이 #형제애

상두와 호두가 벌이는 순우리말 11가지 싸움을 통해 아이들에게 '올바르게 잘 싸우는 방법'을 소개하는 그림책입니다. 말싸움, 주먹싸움, 몸싸움, 감정싸움, 풀싸움, 눈싸움, 닭싸움, 머리싸움, 꽃싸움, 연싸움, 물싸움까지 순우리말로 구성된 다양한 싸움을 보여 주며, 싸움에도 반드시 지켜야 할 규칙이 있다는 사실을 알려 줍니다.

 **질문 톡톡**

- 싸움을 해 본 적이 있나요?
- 싸웠을 때의 기분(감정)은 어떤가요?
- 책 속에 나온 싸움 중 경험한 싸움이 있나요?
- 책 속에 나온 싸움 중 가장 기억에 남는 싸움은 무엇인가요?
- 내일 또 싸우고 싶은 싸움에는 무엇이 있을까요?

 **연계 도서**

- 『싸움에 관한 위대한 책』
  다비드 칼리 글, 세르주 블로크 그림, 정혜경 옮김, 문학동네
- 『털북숭이 형』
  심보영 글·그림, 그레이트BOOKS
- 『나랑 놀 사람』
  한라경 글, 김유경 그림, 보랏빛소어린이
- 『귤빛 코알라』
  릴리아 글·그림, 킨더랜드

책놀이 문해력 활동 — 쌓고! 넘기고! 와르르!

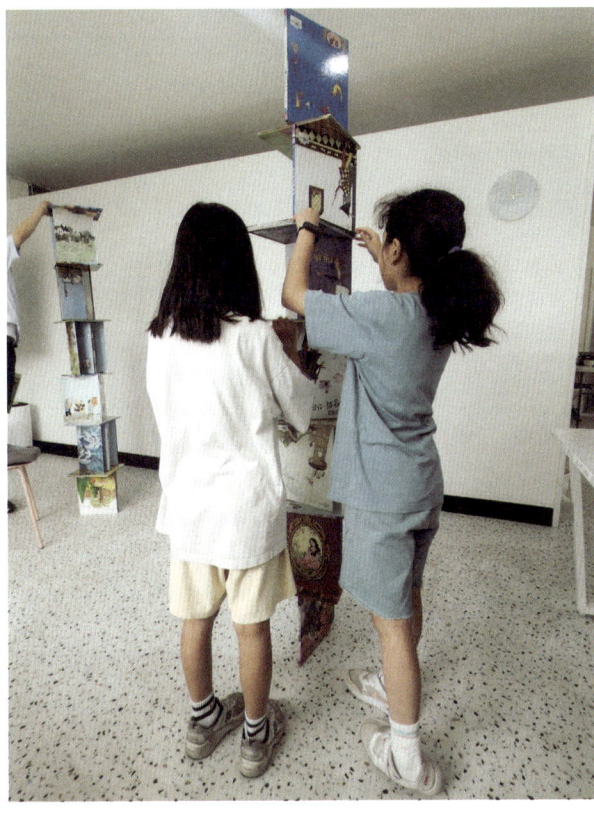

활동 준비물
- 다양한 그림책

활동 방법
1. 인원수에 맞게 팀을 나눈다(2~4명씩).
2. 각 팀마다 12~15권 정도 그림책을 고른다.
3. 그림책을 활용하여 도미노, 탑 쌓기 등 다양한 놀이 활동을 한다.

확장 활동
- 전통 놀이 겨루기
- 그림책 미션 빙고

02
모기와 춤을

하정산 글·그림 | 봄개울

#여름 #모기 #전래동요 #가족 #협동 #모기춤 #신체놀이 #상상력

달빛이 환한 여름 한밤중, 캠핑을 떠난 가족이 텐트에서 자고 있어요. 그때 '앵~' 소리와 함께 누군가 열린 텐트 틈으로 살짝 들어옵니다. 다름 아닌 한여름의 불청객 모기예요. 모기 소리에 잠을 깬 가족은 손전등을 '딸깍' 켜고는 허둥지둥 모기를 잡기 시작해요. 모기는 신나게 물고, 가족들은 비비 배배 몸을 긁고…. 한밤중 텐트 안에서는 손뼉 치고 깡충 뛰며 모기와 춤추는 소란이 벌어집니다.

- 표지에 있는 사람들은 무엇을 하고 있나요?
- 모기와 춤을 춘다는 건 어떤 의미일까요?
- 모기를 잡기 위한 박수는 어떤 것이 있었나요?
- 모기 때문에 힘들었던 적이 있었나요?
- 모기에 물리지 않는 나만의 특별한 방법이 있나요?

- 『모기향』
  다시마 세이조 글·그림, 고향옥 옮김, 한림출판사
- 『모기 잡는 책』
  진경 글·그림, 고래뱃속
- 『정말 성가신 모기네!』
  호세 카를로스 로만 글, 사라 산체스 그림, 김영주 옮김, 하우어린이
- 『슈퍼 생존왕 모기』
  전현준 글·그림, 작가의탄생

책놀이 문해력 활동   한 걸음 모기 잡기

활동 방법

1. 술래는 "모기!" 하고 외치며 큰 걸음으로 한 걸음씩 다가간다.
2. 다른 친구들은 모기를 피해 "윙윙윙" 외치며 한 걸음씩 도망간다.
3. 술래에게 잡힌 친구가 새로운 술래가 된다.(단 바로 전 술래는 바로 뒤따라 잡을 수 없다.)

확장 활동

- 두 걸음 모기 잡기
- 계피 방향제 만들기

03
방구석 요가

나유리 글·그림 | 키즈엠

#신체운동 #몸건강 #마음건강 #예술경험 #요가 #스트레칭

밖에 나갈 필요 없이 집에서 간단하게 할 수 있는 요가 동작들을 알려 줍니다. 특별히 시간을 낼 필요도 없답니다. 꽃에 물을 주다가, 책을 꺼내다가, 선풍기 바람을 쐬다가 그 자세에서 그대로 연결되는 요가 자세를 소개하고, 자세가 주는 효과도 알려 줍니다. 이 책과 함께라면 몸과 마음의 건강 챙기기 어렵지 않아요.

- 요가를 해 본 적이 있나요?
- 요가를 하면 내 몸이나 마음에 어떤 변화가 있을까요?
- 책 속에서 제일 해 보고 싶은 요가 동작은 무엇인가요?
- 평소 내가 많이 하는 행동 중 요가 동작처럼 만들 수 있는 것이 있을까요?
- 그 동작에 이름을 붙인다면 뭐라고 하고 싶나요?

- 『변신 요가』
  홍미령 글·그림, 다그림책(키다리)
- 『요가 하는 고양이』
  가희 글·그림, 한림출판사
- 『몸의 기분』
  마송 글·그림, 피포
- 『손에서 마음으로』
  알렉스 바우어마이스터 글, 플로라 웨이코트 그림, 김정하 옮김, 딸기책방

책놀이 문해력 활동 모루 끈 요가

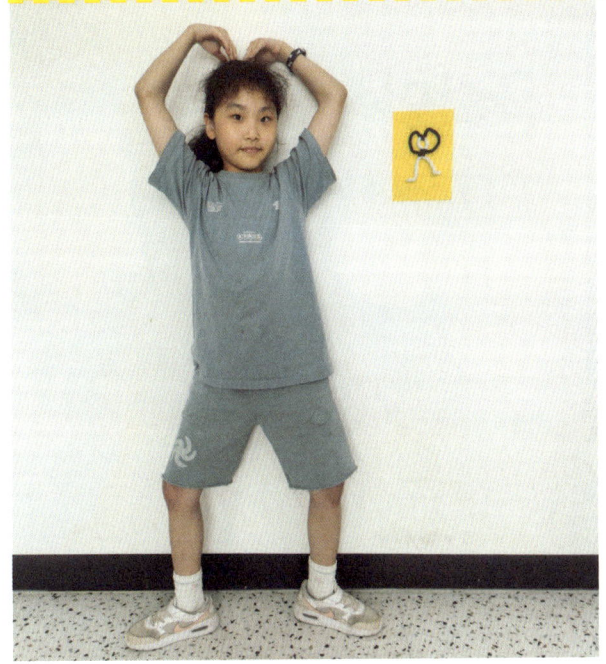

활동 준비물

- 다양한 색깔의 모루

활동 방법

1. 다양한 색깔의 모루 끈(25~30cm)을 준비한다.
2. 각자 2가지 색깔의 모루 끈을 선택한다.
3. 모루 끈을 구부려서 내가 표현하고 싶은 요가 동작을 만들어 본다.
4. 내가 만든 모루 끈 요가 동작을 온몸을 사용해 표현한다.

확장 활동

- 요가왕을 찾아라!
- 같은 동작 텔레파시

04 산타와 함께 춤을

이연주 글·그림 | 북극곰

#크리스마스 #특별한날
#계절그림책 #산타 #추억 #춤

모두가 잠든 크리스마스이브에 산타는 꼬마에게 선물을 주러 갔습니다. 마법의 주문을 외우고 멋진 춤을 추었지요. 메리메리 송송송, 해피해피 추추추…. 산타가 꼬마에게 선물을 주려는데 꼬마가 사라졌습니다. 꼬마는 어디로 갔을까요? 과연 산타는 꼬마에게 어떤 선물을 줄까요? 산타와 꼬마의 특별하고 멋진 크리스마스 이야기를 담은 그림책입니다.

- 표지의 인물은 어디로 가고 있을까요?
- 마법의 주문을 외우자 어떤 일이 생겼나요?
- 산타할아버지는 꼬마에게 어떤 부탁을 했나요?
- 나만의 마법의 주문을 만들어 볼까요?
- 내가 만든 마법의 주문의 몸동작은 무엇인가요?
- 산타할아버지를 만난다면 어떤 소원을 말하고 싶나요?

- 『사탕 트리』
  백유연 글·그림, 웅진주니어

- 『완벽한 크리스마스를 보내는 방법』
  에밀리 그래빗 글·그림, 신수진 옮김, 비룡소

- 『100명의 산타클로스』
  다니구치 도모노리 글·그림, 황세정 옮김, 주니어김영사

- 『크리스마스 전날 밤에』
  홀리 하비 글·그림, 하린 옮김, 미운오리새끼

책놀이 문해력 활동　**산타와 함께 노래를!**

<따리리띠 뽀뽀비~♬>

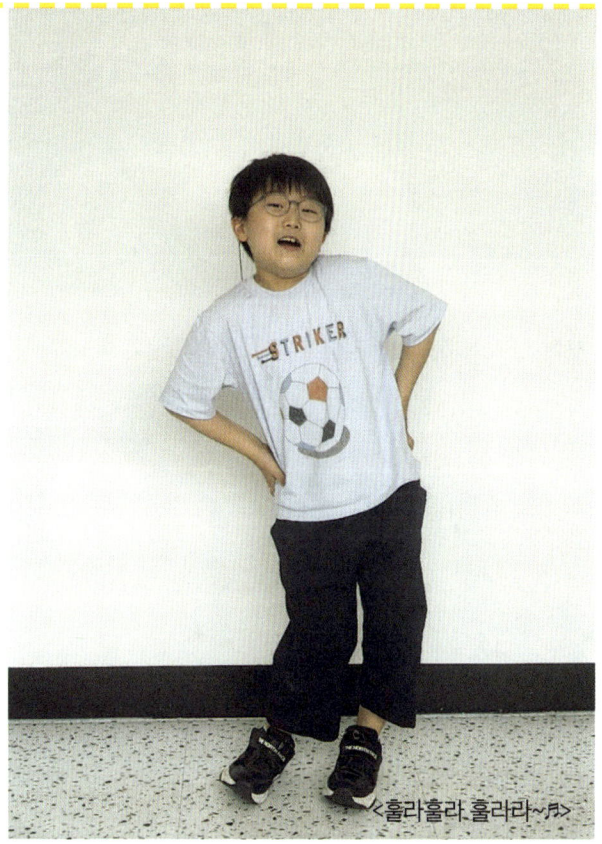
<훌라훌라 훌라라~♬>

활동 준비물

- 활동지, 필기도구
★부록 활동지를 사용하세요.(p. 169)

활동 방법

1. 나만의 재미있는 마법 주문을 만든다.
2. 마법 주문에 어울리는 특별한 몸동작을 생각한다.
3. 마법 주문을 외우며 즐겁게 몸동작으로 표현한다.

확장 활동

- 친구와 함께 율동을~
- 소원 트리 만들기

산타와 함께 노래를!

울 라 울 라 뽀 로 로

숨은뜻: 산타 선물 주세요.

물 라 물 라 노 노 노

숨은뜻: 어떤 선물 일까요?

띠 리 리 띠 뽀 뽀 비

숨은뜻: 게임기가 좋아요.

울 랄 라 물 랄 라 리 리 비

숨은뜻: 말 잘 들을게요. 꼭 오세요.

날짜: 12/25
이름: 조규연

산타와 함께 노래를!

칙 칙 폭 폭   칙 폭 폭

숨은 뜻: 할아버지 KTS 타고 빨리 와서 선물주세요.

뽀 롱 뽀 롱   뽀 로 로

숨은 뜻: 멋진선물 주세요.

훌 라 훌 라   훌 랄 라

숨은 뜻: 훌랄라 치킨 주세요.

칙 폭 폭 뽀 로 로   훌 랄 라

숨은 뜻: 주세요 주세요 주세요.

날짜: 2024.12.25   이름: 정민규

05 아이스크림 걸음

박종진 글 | 송선옥 그림 | 소원나무

#걸음 #걸음의종류 #12가지걸음
#걸음놀이 #놀이 #상상력

우리가 일상생활에서 걷는 걸음의 종류는 몇 가지나 될까요? 이 책에서는 우리의 다양한 걸음걸이를 통해 예부터 이름 지어져 내려오는 12가지 걸음에 대해 이야기합니다. 12가지 걸음의 이름은 모두 아름다운 순우리말이며, 그림책을 통해 재미난 몸짓으로 걸음걸이를 따라 해 볼 수 있습니다.

- 표지 속 인물들은 무엇을 하고 있나요?
- 표지 속 주인공들의 기분은 어떤가요?
- 아이스크림 걸음이란 어떤 모습이 떠오르나요?
- 가장 재미있었던 걸음은 무엇인가요?
- 새로운 걸음을 만든다면 어떤 걸음이 있을까요?

- 『개똥벌레가 똥똥똥』
  윤여림 글, 조원희 그림, 천개의바람
- 『고양이와 춤을』
  임은경 글, 양미연 그림, 김길려 음악, 걸음동무
- 『홀짝홀짝 호로록』
  손소영 글·그림, 창비
- 『구름주스』
  문채빈 글·그림, 미래엔아이세움

> **활동 준비물**

• 아이스크림 보드게임

> **책놀이 문해력 활동**   아이스크림 걸음 쌓기

> **활동 방법**

1. 한 명이 나와서 몸짓으로 걸음을 표현한다.
2. 친구가 설명하는 걸음의 아이스크림을 재빨리 쌓는다.
3. 3개의 아이스크림을 가장 먼저 쌓은 친구가 "냠냠" 하고 외친다.

> **확장 활동**

• 아이스크림 31
• 엉뚱 발랄 걸음 쇼!

생각톡톡
똑똑놀이

놀이처럼 재밌게 두뇌를 톡톡 자극해요.
재미있게 놀면서 자연스럽게 한글과 친해지고, 생각하는 힘도 길러요.
책 속 놀라운 사실들이 머릿속에서 톡톡 튀어나와 신나는 놀이가 되고,
자연스럽게 언어 감각과 사고력도 키워 보아요.

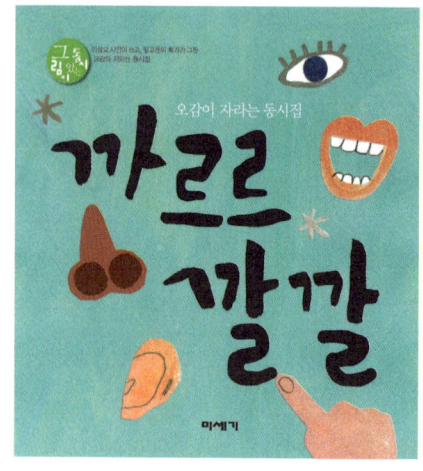

06
까르르 깔깔

이상교 글 | 길고은이 그림 | 미세기

#오감 #동시 #흉내내는말 #오감만족 #그림동시집

시각, 청각, 후각, 미각, 촉각 5가지 감각을 동시에 담았어요. 많은 정보를 담고 있는 시각, 좋은 냄새와 나쁜 냄새 등 여러 가지 냄새, 다양한 맛, 주변에서 쉽게 들을 수 있는 다양한 소리, 온몸으로 느낄 수 있는 촉각. 오감을 다룬 동시를 통해 표현력을 발달시키고 창의력을 키워 주는 책이에요. 의성어, 의태어 같은 흉내 내는 말도 담겨 있어요.

- 우리는 여러 가지 감각을 가지고 있어요. 오감에는 무엇이 있을까요?
- 동시 '간식 시간'은 오감 중 어떤 감각일까요?
- '불났다!' 입술을 얼얼하게 만드는 음식은 무엇이 있을까요?
- 오감 동시를 써 보니 기분이 어땠나요?

- 『처음 만나는 오감』
  그자비에 드뇌 글·그림, 박다솔 옮김, 보림
- 『똥을 지배하는 자 2』
  재미드니 친구들 글·그림, 송현지·최선영 엮음, 고래책빵
- 『일기 쓰기 재미 사전 2』
  송현지 글, 고래책빵
- 『오감이 자라는 꼬마 미술관 1~4』
  이주헌 글·그림, 파랑새

책놀이 문해력 활동 무어게?

무어게?

무어게?

막대 사탕

산

피자

텐트

창문

양

후라이팬

할머니

활동 준비물

- 활동지, 연필, 사인펜, 색연필
★부록 활동지를 사용하세요.(p. 171)

활동 방법

1. 동시를 읽고 오감 중 어떤 감각인지 살펴본다.
2. 나의 생각을 글과 그림으로 표현하며 동시를 재구성한다.
3. 동그라미, 세모, 네모, 구름 모양 하면 떠오르는 것을 표현하고 무엇인지 적는다.
4. 내가 쓴 동시를 발표한다.

확장 활동

- 감각으로 물건 맞히기 - 비밀 상자
- 한 사물을 오감으로 표현하기

07
뭐라고 불러야 해?

천준형 글·그림 | 달그림

#이름 #별명 #호칭 #다른이름 #삶 #인생

명태는 수많은 이름을 가지고 있어요. 명태처럼 우리도 고유한 이름뿐만 아니라 여러 가지 이름으로 불리며 살아가요. 친구들에겐 별명으로, 집에선 아이 엄마로, 또는 고객님, 언니, 아줌마 등 그때마다 다른 이름에 고개를 들어 대답해요. 내가 어느 곳, 어느 위치에 있는지에 따라 나를 부르는 단어가 달라지는 것입니다. 내가 불리던 이름들은 무엇이었으며, 그렇게 불리는 나는 어떤 사람인지 가만 생각해 보게 되는 그림책입니다.

- 표지에 보이는 물고기 이름은 무엇인가요?
- 명태의 다른 이름을 알고 있나요?
- 바닷속에 있는 명태가 그물로 잡혔다면 뭐라고 부르나요?
- 내 이름 말고 또 다른 이름이 있나요?

- 『이름이 많은 개』
  박혜선 글, 김이조 그림, 한솔수북

- 『내 이름을 불러 주세요』
  박소윤 글·그림, 모든요일그림책

- 『내 이름은 특별해!』
  제샨 악테르 글, 아사 길란드 그림, 김정윤 옮김, 아주좋은날

- 『별명 그리는 아이』
  염은비 글·그림, 정글짐북스

책놀이 문해력 활동 너의 이름은?

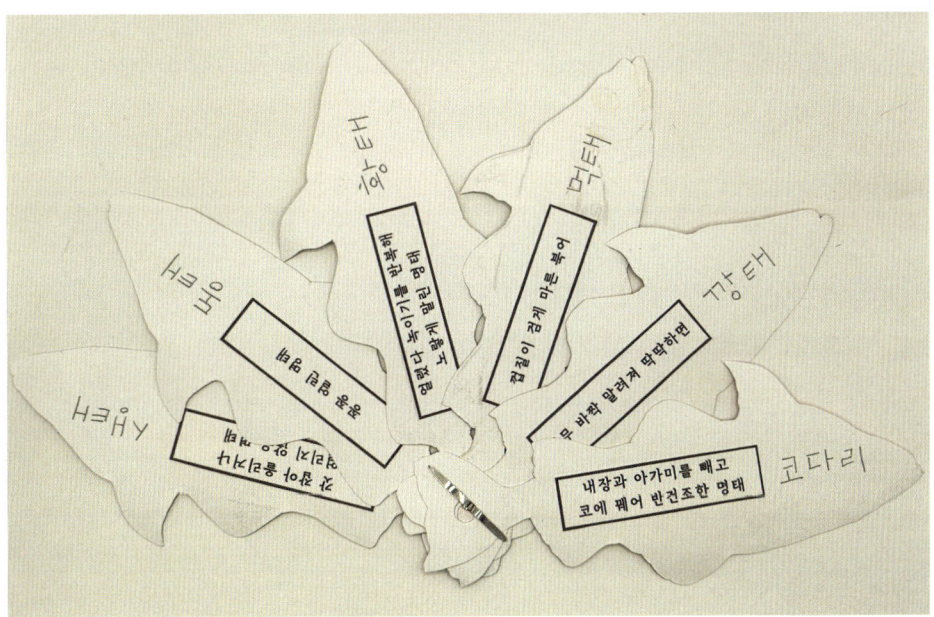

활동 준비물
- 활동지, 할핀(똑딱핀), 색연필, 펀치(송곳)
★부록 활동지를 사용하세요.(p. 173, 175)

활동 방법
1. 명태의 특징을 생각하며 색칠하고 오린다.
2. 명태의 꼬리 부분에 펀치나 송곳을 이용해서 구멍을 뚫는다.
3. 색칠된 명태를 가지런히 놓고, 할핀을 이용해서 고정시킨다.
4. 색칠한 그림의 뒤쪽에 명태의 특징을 잘라 붙이고, 또 다른 이름을 적는다.

확장 활동
- 나의 이름은?
- 금강산의 또 다른 이름은?

08
뇌가 궁금해

가브리엘 대브스체크 글 | 킴 슈 그림 | 백정엽 옮김 | 모알보알

#뇌 #몸의대장 #동물들의뇌 #뇌의역할 #뇌의구조 #머리가좋아지는법

우리 몸의 감각 신호를 모으고, 움직임과 생각을 조절하고, 기억을 저장하는 뇌를 재미있고 알기 쉽게 소개하고 있어요. 사람뿐 아니라 동물들의 뇌에 대한 흥미로운 사실, 크기 비교로 호기심을 충족시키고, 우리 뇌의 안과 밖을 자세히 들여다봅니다. 뇌를 이루고 있는 수천억 개의 뇌세포, 우리의 행동과 감각을 조절하는 뇌의 특별한 부분들과 각각의 역할을 시각적으로 자세히 보여 주는 그림책입니다.

- 나의 몸의 대장은 무엇이라고 생각하나요?
- 뇌는 어떻게 나의 움직임과 생각을 조절할까요?
- 동물 중 가장 큰 뇌를 가지고 있는 것은 무엇인가요?
- 어떻게 하면 머리가 좋아질까요?

- 『뇌는 정말 놀라워!』
  필립 번팅 글·그림, 황유진 옮김, 북극곰

- 『뇌 : 우리 몸의 조종실』
  엠마 로버츠 글, 테레사 베욘 그림, 김영선 옮김, 보림

- 『뇌 맘대로 움직여?』
  산제이 마노하 글, 게리 볼러 그림, 김선영 옮김, 푸른숲주니어

- 『암기왕 우주의 대단한 뇌 모험』
  정문주 글·그림, 모알보알

책놀이 문해력 활동 뇌가 궁금해!

활동 준비물
- 활동지, 연필, 색연필, 사인펜, 가위
★부록 활동지를 사용하세요. (p. 177)

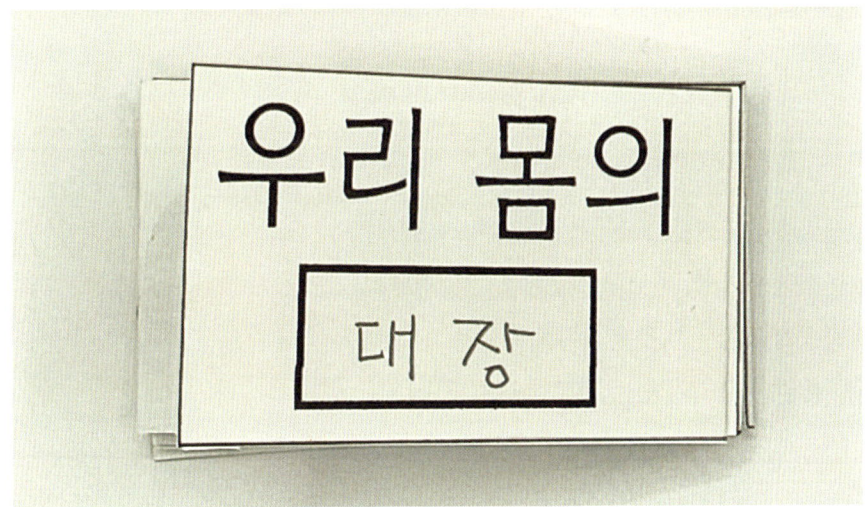

활동 방법

1. 각각의 뇌는 어떤 역할을 하는지 적는다.
2. 나는 평소에 어떤 생각을 많이 하는지 뇌의 모양 부분에 적는다.
3. 마지막 빈칸에는 뇌가 튼튼해지는 방법을 적는다.
4. 전체를 오린 후 가로, 세로 4칸씩 총 16칸이 되도록 접는다.
5. 첫 번째, 세 번째 접히는 곳은 왼쪽에서 3칸까지 가위집을 내고, 두 번째 접히는 곳은 오른쪽에서 3칸까지 가위집을 낸다.
6. '우리 몸의 대장'이 표지가 되도록 밑에서부터 지그재그로 접는다.

확장 활동
- 말랑말랑 뇌풍선
- 뇌풀기 게임

활동 도움 영상

09
누구일까요?

엘레나 셀레나 글·그림 | 박선주 옮김 | 보림

#동물 #얼굴 #동물의특징 #표정 #수수께끼놀이 #흉내놀이

커다란 플랩 뒤에 귀여운 동물 친구들이 숨어 있어요. 눈길을 사로잡는 선명한 그림과 상상력을 자극하는 글은 어린아이들도 쉽게 집중할 수 있게 해 줍니다. 매 페이지 반복되는 "까꿍!"을 통해 말맛과 리듬감도 느낄 수 있어요. 아이와 함께 소통하며 재미있게 읽을 수 있을 뿐만 아니라 동물에 대한 기초적인 지식까지 덤으로 얻을 수 있습니다.

- 파란 날개로 하늘을 훨훨 나는 것은 누구일까요?
- 보송보송 하얀 귀를 쫑긋 세우는 것은 누구일까요?
- 꼬리가 복슬복슬 따뜻한 것은 누구일까요?
- 울퉁불퉁 튼튼한 꼬리가 있는 것은 누구일까요?

- 『핑 돌면 누구게?』
  가시와라 아키오 글·그림, 키즈콘텐츠클럽 옮김, 주니어RHK

- 『울퉁불퉁, 넌 누구니?』
  잘웃는토끼 글, 허예진 그림, 블루래빗

- 『똑똑똑 축하해』
  정호선 글·그림, 창비

- 『눈, 눈, 누구 눈?』
  줄리 머피 글, 한나 톨슨 그림, 김지연 옮김, 보랏빛소어린이

활동 준비물

- 활동지, 가위, 색연필
★ 부록 활동지를 사용하세요. (p. 179)

책놀이 문해력 활동　　똑똑 누구십니까?

> 활동 방법

1. 활동지 중 문을 먼저 오린다. 창문 부분은 칼을 이용해서 도려내고 반을 접는다.
2. 동물을 오린 뒤 오린 동물은 문 뒤에 숨긴다.
3. 창문을 통해 동물의 한 부분만 보여 주고 어떤 동물인지 알아맞힌다.
4. 빈 네모 칸에는 내가 소개하고 싶은 동물을 그리고, 부분 보고 맞히는 게임을 이어 간다.
5. 답을 듣고, 문을 열고 어떤 동물인지 확인한다.

> 확장 활동

- 동물 몸놀이 퀴즈
- 동물 가면 만들기

10
누구나 멈춘다

천미진 글 | 윤태규 그림 | 키즈엠

#교통안전 #교통규칙 #신호등 #횡단보도

초록불에 횡단보도로 건너는 것은 안전을 위한 기본 중의 기본인 예방법이지만, 의외로 지키지 않아 사고가 많이 일어납니다. 이 책은 다양한 동물이 등장해 횡단보도로 건너는 방법을 알려 줍니다. 동물 친구들과 함께 안전하게 횡단보도를 건너는 방법을 배우고, 언제 어디서나 교통규칙을 잘 지키는 습관을 기를 수 있는 교통 안전그림책입니다.

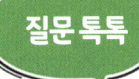
질문 톡톡

- 나는 누구일까요?
  한집에 빨강, 노랑, 초록이 살고 있어요. / 하지만 서로 만날 수 없어요. / 우리가 횡단보도를 안전하게 건널 수 있게 도와줘요. 나는 누구일까요? (신호등)
- 표지에서 보이는 곳은 어디일까요?
- 신호등이 빨간색일 때는 어떻게 해야 하나요?
- 신호등 규칙을 놀이 규칙으로 적용해 보니 어땠나요?

연계 도서

- 『어떻게 건너지?』
  김태경 글·그림, 풀빛
- 『빵빵! 꼬미야, 조심해!』
  김승미 글·그림, 풀빛
- 『얼음땡』
  문명예 글·그림, 시공주니어
- 『멈추고, 살피고, 손을 들어요!』
  토이앤스토어 기획, 문상수 옮김, 국민서관

책놀이 문해력 활동   빙글빙글 신호등

활동 준비물

- 활동지, 종이컵 2개, 칼, 가위, 색연필, 사인펜, 마스킹테이프

★부록 활동지를 사용하세요.(p. 181)

활동 방법

1. 종이컵에 신호등 도안 크기만큼으로 네모나게 뚫는다.
2. 신호등에 색깔별로 표정을 그린다.
3. 신호등을 잘라 주고, 또 다른 종이컵에 빨강 - 노랑 - 초록 순으로 붙인다.
4. 바닥에 마스킹테이프로 횡단보도를 그리고, '건너가는 길' 노래에 맞춰 종이컵 신호등의 신호를 보고 길을 건너는 사람이 되어 길을 건넌다.

확장 활동

- 교통안전 표지판 알아보기
- 자동차 장난감으로 신호등 놀이
- 신호등으로 우리만의 규칙 정하기
- 교통안전 OX 퀴즈
- 신호등 몸놀이

활동 도움 영상

11
돈 잘 쓰는 할머니

신현경 글 | 박재현 그림 | 맑은물

#돈 #소비 #행복 #나눔 #풍족한삶

네모네 할머니가 살았습니다. 네모반듯한 걸 좋아하고 네모난 걸 잘 만들어서 붙여진 별명이지요. 할머니는 평생 네모난 두부와 떡을 만들어 팔아서 차곡차곡 돈을 모았어요. 이 돈으로 할머니는 가장 갖고 싶은 걸 사기로 했습니다. 할머니는 원하는 건 다 가져서 더 이상 바랄 게 없을 만큼 행복했어요. 하지만 어느 날, 집 마당에 놀러 온 얼룩이와 검정이 고양이 2마리가 사이좋게 지내는 걸 보고 할머니는 그동안 자신이 잊고 산 게 있었다는 걸 깨닫게 됩니다.

- '돈을 잘 쓴다.'라는 말은 무슨 뜻일까요?
- 할머니는 왜 네모네 할머니라고 불렀나요?
- 할머니에게 나눔을 알려 준 것은 누구였나요?
- 나는 누구를 위한 저금통을 만들고 싶나요?

- 『돈은 어떻게 저축할까요?』
  벤 허버드 글, 베아트리스 카스트로 그림, 이승숙 옮김, 고래가숨쉬는도서관
- 『돈은 나무에서 열리지 않아』
  히스 매켄지 글·그림, 루이제 옮김, 에듀앤테크
- 『도화지 한 장의 기적』
  나가사카 마고 글·그림, 양병헌 옮김, 라임
- 『우리 동네 나눔 정원』
  조위 터커 글, 줄리아나 스웨이니 그림, 주유미 옮김, 행복한그림책

활동 준비물

• 네모난 상자, 색종이, 색연필, 사인펜, 풀, 가위

책놀이 문해력 활동   사랑이 차곡차곡 네모 저금통

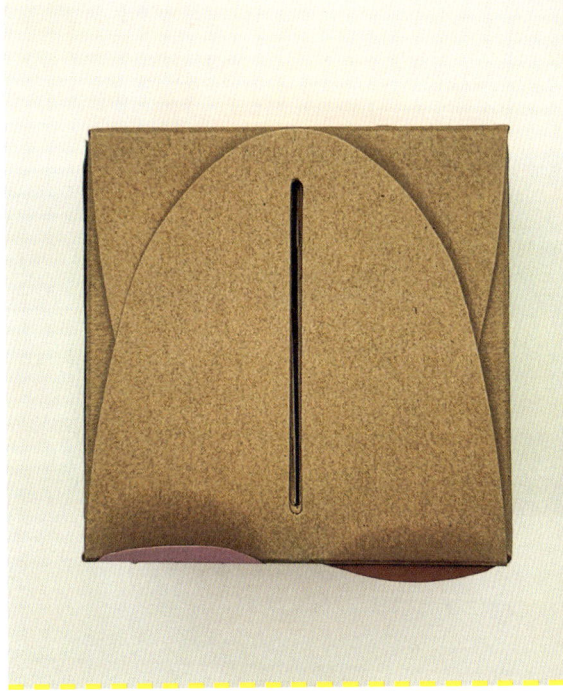
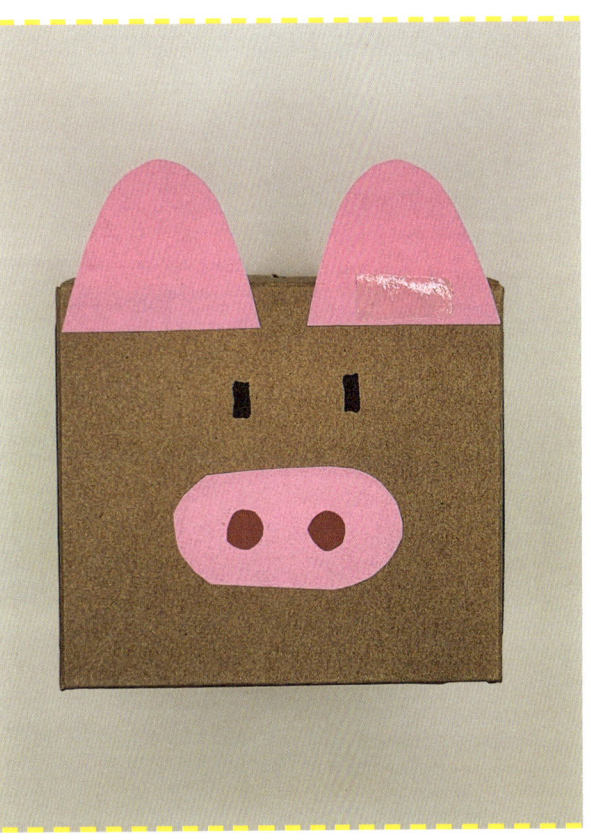

 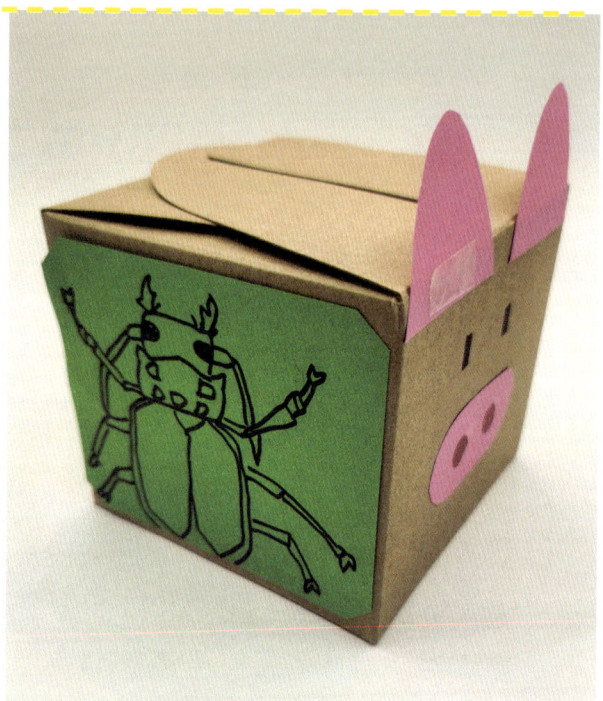

활동 방법

1. 네모난 상자에 동전이 들어갈 수 있도록 구멍을 뚫는다.
2. 색종이나 색칠 도구를 이용해서 저금통을 꾸민다. 돼지 모양이면 더 좋다.
3. 누구를 위한 저금통인지 그림이나 글씨로 표현한다.

확장 활동

- 네모난 상품 만들기
- 가게 놀이
- 도전! 용돈 챌린지

12
뭐든지 나라의 가나다

박지윤 글·그림 | 보림

#글자 #글놀이 #말놀이 #글자찾기 #우리말

글자는 책마다 펼쳐지는 다른 세계로 우리를 이끄는 초대장이기도 하고, 머릿속에 있는 무언가에 형태를 주고 옷을 입히고 한 세계를 만드는 놀라운 도구이기도 합니다. 글자를 도구 삼아 어떤 세계를 만들어 내는 건 오랜 시간이 걸리겠지만, 글자가 만들어 낸 여러 세계로 초대받기는 쉬워요. 초대를 마음껏 즐기며 다른 세계를 자주 탐험하다 보면 언젠가 초대장이 도구로 바뀌어 무언가 만들고 싶어질 수도 있지요. 여러분은 글자를 가지고 무얼 하게 될까요?

- 표지에는 어떤 글자나 그림이 있나요?
- '뭐든지 나라'는 어떤 나라일까요?
- '가 가 가' 자로 시작되는 것은 무엇이 있나요?
- 찾은 글자를 가지고 이야기를 만들어 보니 어땠나요?

- 『숨은그림찾기 ㄱㄴㄷ』
  이주희 글·그림, 한솔수북
- 『우리 학교 ㄱㄴㄷ』
  김주영 글·그림, 파란자전거
- 『가나다 글자 놀이』
  이상교 글, 밤코 그림, 한솔수북
- 『가나다 소풍』
  문채빈 글·그림, 웅진주니어

책놀이 문해력 활동 가나다 낚시 놀이터

활동 준비물

- 활동지, 아이스크림 막대, 자석, 클립, 양면테이프

★부록 활동지를 사용하세요.(p. 183, 185)

활동 방법

1. 활동지에 제시된 단어 카드를 오린다. 빈 카드에는 낚시놀이를 하고 싶은 것을 그리거나 이름을 쓴다.
2. 오린 단어 카드에 클립을 끼운다.
3. 아이스크림 막대 한쪽 끝에 양면테이프나 글루건을 이용해서 자석을 붙인다.
4. 선생님이 먼저 가~하 중 하나를 선택해서 "가 가 가 자로 시작되는 말~"이라고 하면 자석 낚싯대를 이용해서 '가' 자로 시작되는 단어를 잡는다.
5. 아이들이 번갈아 가면서 찾아야 하는 단어를 제시한다.
6. 내가 잡은 단어 중 선택해서 이야기를 만든다.

확장 활동

- 글자를 찾아라! – 메모리 게임
- 글자 퍼즐을 맞춰라!
- 풀려라, 낱말 퀴즈
- 글자 색칠놀이

13
숫자 숨바꼭질

김난지 글 | 최나미 그림 | 봄개울

#숫자 #숨바꼭질 #생활용품 #숨은그림찾기 #숫자그림

장난감들이 모인 방에서 하얀 칠판에 붙은 숫자들이 하나둘 뛰어나와 숨바꼭질을 합니다. 가위바위보로 정한 술래는 숫자 0이에요. 술래 0이 하나부터 열까지 세는 동안 1부터 9까지 숫자들이 숨어요. 숫자들은 각각 어디에 숨을까요? 기발하게도 숫자들은 자기와 비슷한 모양의 장난감에 몸을 숨겨요. 숫자 0은 숨은 숫자들을 잘 찾을 수 있을까요?

- 시계, 체중계, 계산기, 에어컨, 핸드폰, 텔레비전 등의 공통된 특징은 무엇인가요?
- 장난감들이 모인 방에는 무엇이 있나요?
- 숫자 0이 술래가 된 이유는 무엇인가요?
- 숫자 5는 어디에 숨으면 좋을까요?

- 『신기한 숫자나무』
  마르코 트레비잔 글·그림, 사각파이
- 『뒤죽박죽 숫자 아파트』
  토니 브래드먼 글, 미겔 앙헬 산체스 그림, 김경희 옮김, 제제의숲
- 『숫자 넘어 숫자 이야기』
  송조 글·그림, 한림출판사
- 『펭귄과 숫자 세기』
  장뤼크 프로망탈 글, 조엘 졸리베 그림, 박선주 옮김, 보림

책놀이 문해력 활동　　변신 숫자

활동 준비물

- 활동지, 클레이, 눈알 스티커, 사인펜, A4용지

★부록 활동지를 사용하세요.(p. 187)

활동 방법

1. A4용지 위에 클레이로 표현하고 싶은 숫자를 만든다.
2. 클레이로 만든 숫자에 눈알 스티커, 사인펜을 사용해서 생동감 있게 팔, 다리를 그린다.
3. 내가 만든 숫자를 발표한다.
4. 활동지에 숫자 그림을 그리고 발표한다.

확장 활동

- 숫자 숨은 그림 찾기
- 같은 숫자를 찾아라!
- 숫자풀이 노래

변신 숫자

나무

뱀

나비

배

거미

물고기

아이스크림

눈사람

고양이

14
심장이 궁금해

레미 코왈스키 글 | 토니아 콤포스토 그림
김소정 옮김 | 모알보알

#심장 #심장의위치 #심장의역할 #생명의상징 #생활습관

심장이 우리 몸 어디에 어떻게 위치하는지 소개하고, 온몸으로 피를 돌게 하고 근육과 모든 기관에 에너지를 전해 주는 심장의 이모저모를 친근하고 재미있게 설명해 줍니다. 맥박이 생기는 원리를 음악의 리듬에 빗대어 설명하고, 의사들이 늘 심장 소리를 듣는 이유를 알려 줍니다. 쪼개진 하트 그림처럼 심장이 부서질 수도 있는지, 심장이 멈추면 어떻게 되는지 설명하고, 건강한 심장을 유지하는 생활 습관에 대해서도 다룹니다.

- 우리 몸에서 가장 중요한 기관이라고 생각하는 곳은 어디인가요?
- 심장은 우리 몸에서 어떤 일을 할까요?
- 심장은 어떻게 생겼을까요?
- 건강한 심장을 유지하기 위해서는 어떻게 생활해야 하나요?

- 『심장이 연주하는 우리 몸』
  노에미 파브라 글·그림, 김지애 옮김, 스푼북

- 『매일 우리 몸에서는 무슨 일이 일어나고 있을까?』
  클로디아 마틴 글, 발푸리 커툴라 그림, 한성희 옮김, 풀과바람(영교출판)

- 『내 몸이 궁금해요』
  해바라기 기획 글, 심은경 그림, 토피

- 『심장이 쿵! 쿵! 그림 사전』
  레나 회베리 글·그림, 신동규 옮김, 너머학교

책놀이 문해력 활동 심장이 쿵쿵쿵

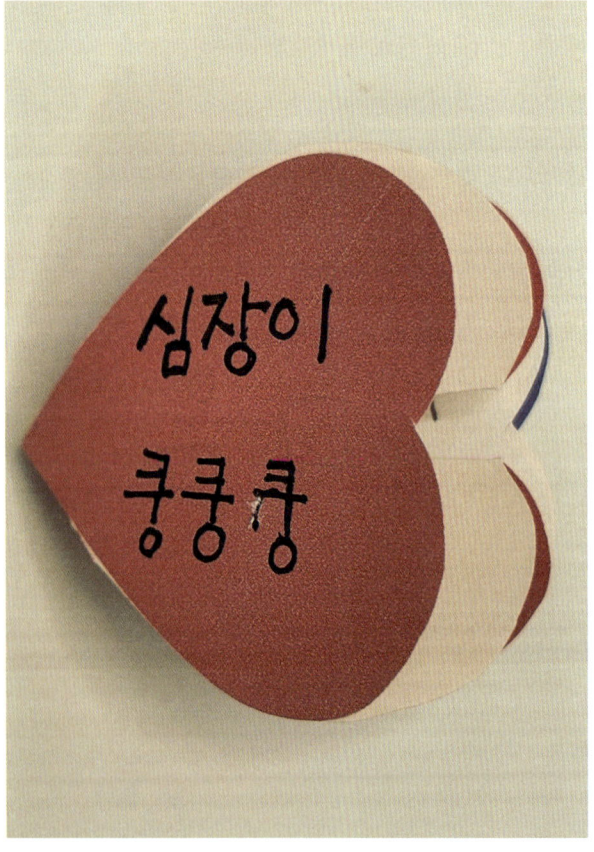

활동 준비물

- 활동지, 연필, 풀, 가위

★부록 활동지를 사용하세요.(p. 189)

활동 방법

1. 클로버 모양 3개를 오린다.
2. 오린 클로버 모양을 점선을 따라 접는다.
3. 긴 대각선은 안쪽으로, 엑스자 선은 바깥쪽으로 접어 하트 모양을 만든다.
4. 책의 내용 중 인상 깊었던 부분을 정리한다. 첫 번째 하트에는 심장을 뜻하는 단어를 적는다. 두 번째 하트에는 심장이 3개, 5개이거나 없는 동물을 찾아 적는다. 세 번째 하트에는 심장을 튼튼하게 하는 방법을 적는다.
5. 각각의 하트 모양을 풀로 붙여 하트북을 완성한다.
6. 첫 번째 하트 겉표지에 제목을 적는다.

확장 활동

- 심장 낱말 퍼즐
- 심장 퀴즈
- 심장과 혈액의 순환 원리

15
조금씩 방울토마토

하정산 글·그림 | 봄개울

#소원 #소원성취 #조금씩 #방울토마토 #열매 #성장

화분에 방울토마토를 심으면서 생각했어요. '요즘 소원이 있는데, 어떡하면 이룰 수 있을까?' 생일 케이크 촛불을 한 번에 불어 끄고 소원을 이루는 방법은 실패했어요. 공원 분수에 동전을 던져 넣는 방법도 실패했고요. 떨어지는 별똥별에 소원을 비는 방법까지 실패하고 말았죠. 그러던 어느 날, 문득 내다본 마당에 빨갛게 익은 방울토마토가 보였어요. 혹시 방울토마토를 통해 소원을 이룰 수 있을까요? 흥미진진한 반전이 펼쳐져요.

- 열매 맺는 식물을 키워 본 적이 있나요?
- 주인공의 소원은 무엇이었나요?
- 소원이 있나요?
- 소원이 이루어지는 방법을 알고 있나요?

- 『별이 된 반딧불이』
  안영옥 글, 이도경 그림, 고래책빵
- 『마음에 별이 된 세모』
  백상희 글·그림, 상상나래
- 『토리의 특별한 하루』
  윤아 글·그림, 아트북차일드
- 『황금 이빨 토끼』
  세연 글, 이유진 그림, 다림

활동 준비물

- 화분, 배양토, 토마토 씨앗, 이름표, 물, 활동지 관찰일기

★부록 활동지를 사용하세요.(p. 191)

책놀이 문해력 활동   소원이 주렁주렁 + 조금씩 관찰일기

  # 조금씩 관찰 일기

5월 15일 금요일 날씨: ☀️ ☁️ 🌧️ ❄️

| 제목 | 어서 어서 나와라! |

	며	칠		전	에		방	울	토	마
토	를		심	었	다	.		그	런	데
아	무	리		기	다	려	도		싹	이
나	오	지		않	는	다	.		너	무
기	다	려		지	고			걱	정	이
산		만	큼		커	진	다	.		

활동 방법

1. 배양토를 작은 화분에 넣고, 살짝 힘주어 누른 후 배양토가 촉촉한 상태가 되도록 물을 충분히 준다.
2. 물이 골고루 배양토에 스며들고 나면, 씨앗을 1cm 깊이로 겹치지 않게 심는다.
3. 햇볕이 잘 드는 장소에 놓는다.
4. 화분에 소원을 이루어 주는 씨앗의 이름을 적는다.
5. 시간을 두고 활동지 관찰일기에 식물의 성장을 기록한다.

확장 활동

- 소원 성취 팔찌 만들기
- 소원 카드 쓰기

통통통
감정놀이

마음을 들여다보고 감정을 표현하는 연습을 해요.
주인공 마음 읽기, 감정 카드, 감정 떠올리기 등으로 감정 표현을 배워요.
친구의 기분을 이해하고 나의 감정을 말하는 힘이 자라요.
서로의 마음을 나누며 따뜻한 관계도 만들어 갑니다.

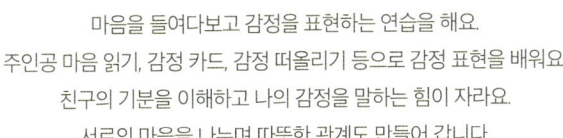

16

나는 어떤 아이일까

프란체스카 달폰소 글·그림 | 이승수 옮김 | 다봄

#나 #감정 #쑥스러움 #행복 #경험 #나들여다보기

자기소개만큼 금세 뻘쭘해지고 당황스러운 요청이 있을까요? '나'에 대해서 나만큼 잘 아는 사람은 없지 싶다가도 곰곰 생각해 보면 도무지 알 수 없는 대상이 '나'가 아닐까도 싶습니다. 혹시 '나'보다는 타인을 관찰하고 평가하는 것을 먼저 배우느라 정작 '나'에 대해서는 소홀해서가 아닐까요? 이 책은 '나'에 대한 호기심과 관심을 불러일으키고, '나'를 잠잠히 들여다보고 표현해 보는 시간을 만들어 줍니다.

- 나는 오늘 어떤 감정을 느꼈나요?
- 나는 무엇을 할 때 행복한가요?
- 마음이 뻥 뚫린 것처럼 시원할 때는 언제인가요?
- 내 마음이 콩닥거릴 때는 언제인가요?
- 나는 어떤 아이일까요?
- 감정을 표정으로 표현해 볼까요?

- 『사과는 이렇게 하는 거야』
  데이비드 라로셀 글, 마이크 우누트카 그림, 이다랑 옮김, 블루밍제이

- 『감정 서커스』
  리디아 브란코비치 글·그림, 장미란 옮김, 책읽는곰

- 『내 마음 ㅅㅅㅎ』
  김지영 글·그림, 사계절

활동 준비물

- 캔버스, 자연물(프리저브드플라워, 드라이플라워, 나뭇조각 등), 목공풀, 지끈(마끈)

책놀이 문해력 활동 꽃얼굴

활동 순서

1. 캔버스에 나의 얼굴을 끈으로 형태를 붙인다.
2. 자연물로 나를 표현한다.

확장 활동

- 감정 카드 만들기
- 내 이야기책 만들기
- 감정 인형 만들기

17
생일 축하해요 후~

다나카 신 글·그림 | 연희 옮김 | 다정다감

#특별한날 #생일 #생일파티 #생일소원 #촛불끄기 #행복

생일 케이크의 비밀에 대해서 알고 있나요? 케이크의 초를 불면 소원이 이루어진 대요. 책에 나오는 강아지, 고양이, 토끼, 생쥐 친구들은 각각 자기만의 소원이 있답니다. 친구들이 바라는 소원은 무엇인지, 그 소원들이 이루어지는 모습을 상상해 보세요. 생일을 맞이한 아이에게 행복한 순간을 전달해 줄 선물이 되고, 생일 케이크의 촛불 끄기를 좋아하는 아이들을 위한 그림책입니다.

- 생일 케이크의 비밀을 알고 있나요?
- 케이크의 초를 '후~' 불어 본 적이 있나요?
- 동물 친구들의 소원은 무엇이었나요?
- 아가의 소원은 무엇이었을까요?
- 우리 친구들의 소원은 무엇인가요?

- 『해피버쓰데이』
  백희나 글·그림, 스토리보울
- 『생일 축하해!』
  매기 허칭스 글, 펠리치타 살라 그림, 공경희 옮김, 블루래빗
- 『소원 배달부 초초』
  정네모 글·그림, 청어람미디어(나무의말)
- 『생일 축하해요!』
  감성밴드여우비 글, 배현정 그림, 바람의아이들

활동 준비물

- 오르골, 클레이, 꾸밈 재료

책놀이 문해력 활동 오르골 케이크

활동 방법

1. 오르골 위에 마음에 드는 색깔의 클레이를 붙인다.
2. 초를 모아 클레이로 감싸 커다란 초를 만든다.
3. 남은 클레이와 꾸밈 재료로 케이크를 꾸민다.

확장 활동

- 소원 화분 케이크
- 축하해요 말말말 터널

18
웃음이 퐁퐁퐁

김성은 글 | 조미자 그림 | 천개의바람

#웃음 #웃음소리 #감정 #감정회복 #우정 #친구 #행복찾기

아기 돼지 퐁퐁이는 오늘 기분이 나쁩니다. 모자가 휙 날아가 버렸거든요. 이런 날에는 깔깔바다에 가요. 친구들과 어울려 깔깔깔 웃다 보면 어느새 기분이 좋아져요. 웃다 보니 어디선가 모자도 되돌아오고요. 웃으니까 기분이 좋아진 걸까요? 기분이 좋아져서 웃었던 걸까요? 웃음은 서로에게 줄 수 있는 가장 쉬운 선물입니다. 내가 진정으로 즐거워 웃으면 그 웃음은 저절로 다른 사람에게 전달됩니다.

- 웃음을 떠올리면 생각나는 웃음 단어는 무엇 무엇이 있나요?
- 웃음은 어디에서 나오는 걸까요?
- 퐁퐁이는 왜 기분이 나빠졌나요?
- 퐁퐁이는 깔깔바다에서 어떤 친구들을 만났나요?
- 웃음의 힘은 무엇이라고 생각하나요?
- 웃음의 힘을 느껴 본 적이 있나요?

- 『마음이 퐁퐁퐁』
  김성은 글, 조미자 그림, 천개의바람
- 『웃음은 힘이 세다』
  허은미 글, 윤미숙 그림, 한울림어린이
- 『자꾸 웃음이 나』
  박성희 글·그림, 글고운그림
- 『웃음 가게』
  기타무라 사토시 글·그림, 김상미 옮김, 베틀북

활동 준비물

- 종이컵, 구부러지는 빨대, 동물 그림, 말풍선 그림, 가위, 풀, 양면테이프, 송곳이나 펀치

★부록 활동지를 사용하세요.(p. 193)

책놀이 문해력 활동 깔깔 까꿍

활동 방법

1. 빨대 3개로 동물의 몸통 지지대와 양팔을 만든다.
2. 종이컵 바닥과 양옆에 빨대가 들어갈 크기로 구멍을 뚫고 빨대를 넣는다.
3. 종이컵 가운데로 올라온 빨대 앞부분에 동물 얼굴을 붙인다.
4. 웃음 말풍선에 웃음소리를 적고 양팔 부분에 말풍선을 붙인다.
5. 종이컵 아래 손잡이를 당기고 밀며 낄낄 까꿍 놀이를 한다.

확장 활동

- 웃음 전달 게임
- 웃음 가면 놀이

19
임금님 엄지척

이은혜·이신혜 글·그림 | 이루리북스

#칭찬 #칭찬의힘 #엄지척 #잘하는 것 #자존감

칭찬을 너무너무 좋아하는 돼지 임금님이 있습니다. 얼마나 칭찬을 좋아하면 말도 안 되는 분필 격파쇼를 하고도 칭찬을 강요합니다. 신하들은 마지못해 엄지척을 보내지요. 사실 돼지 임금님은 칭찬을 좋아하지만 혼자서는 아무것도 할 줄 모르는 임금님입니다. 그런 임금님이 기적 같은 일을 해내고 맙니다. 과연 어떤 일일까요?

 **질문 톡톡**
- 임금님은 왜 엄지척을 받을 수 있었나요?
- 나는 무엇을 했을 때 엄지척을 받았나요?
- 내가 엄지척을 해 주고 싶은 사람이 있다면 누구인가요?
- 그 사람에게 엄지척을 해 주고 싶은 이유는 무엇인가요?

 **연계 도서**
- 『내가 너라서 좋아』
  마크 콜라지오반니 글, 피터 H. 레이놀즈 그림, 김여진 옮김, 초록귤(우리학교)
- 『혼나지 않게 해 주세요』
  구스노키 시게노리 글, 이시이 기요타카 그림, 고향옥 옮김, 베틀북
- 『나는 빵점!』
  한라경 글, 정인하 그림, 토끼섬
- 『엄지 척』
  이은혜·이신혜 글·그림, 북극곰

책놀이 문해력 활동 **엄지척 트로피**

활동 준비물

- 활동지, 색연필(사인펜), 가위, 풀

★부록 활동지를 사용하세요.(p. 195)

활동 방법

1. 엄지척 손 안에 칭찬 내용을 쓰거나 꾸민다.
2. 색연필이나 사인펜으로 트로피를 멋지게 색칠한다.
3. 트로피 아래의 상 이름 칸에 어울리는 상 이름을 쓴다.
4. 엄지척 트로피 도안을 선을 따라 오린다.
5. 지지대를 오리고 점선을 따라 접은 후, 바닥이 아래로 가도록 ㄷ자 모양으로 세워서 트로피 뒷면에 붙인다.
6. 엄지 안쪽에 엄지손톱만큼 풀칠하여 고정시킨다.

확장 활동

- 릴레이 풍선 칭찬
- 스크래치 칭찬 쿠폰 만들기

20
좋아, 싫어 대신 뭐라고 말하지?

송현지 글 | 순두부 그림 | 이야기공간

#감정 #좋아 #싫어 #감정단어 #감정그림책

"좋아" 대신 할 수 있는 말은 무엇이 있을까요? "싫어" 대신 할 수 있는 말은 또 어떤 것이 있을까요? 초등학생 승규의 아침 기상부터 학교생활, 하교, 학원에서의 시간, 잠들기 전까지 '하루'를 따라가다 보면 "좋아", "싫어"를 대신할 감정 어휘들을 자연스럽게 만날 수 있어요. 승규의 하루 속에 쏙쏙 담긴 "좋아", "싫어"를 대신할 다양한 감정을 배워 봐요.

- 감정을 표현하는 말에는 무엇 무엇이 있나요?
- "좋아" 대신 표현할 수 있는 감정은 무엇이 있나요?
- "싫어" 대신 표현할 수 있는 감정은 무엇이 있나요
- 나는 무엇을 할 때 좋은 감정이 느껴지나요?
- 나는 무엇을 할 때 싫은 감정이 느껴지나요?
- 여러 가지 감정을 합쳐서 새로운 감정을 만든다면 어떤 감정이 만들어질까요?
- 나를 행복하게 해 주는 감정을 색모래로 표현해 볼까요?

- 『오늘 내 마음은…』
  마달레나 모니스 글·그림, 열린어린이

- 『마음을 담은 병』
  데버라 마르세로 글·그림, 김세실 옮김, 나는별

- 『컬러 몬스터 : 감정의 구급상자』
  아나 예나스 글·그림, 김유경 옮김, 청어람아이

- 『워터 Water : 함께하는 마음이들의 즐거운 행진』
  김기린 글·그림, 파란자전거

> **활동 준비물**

- 색모래, 작은 병, 네임텍, 끈, 사인펜

> **책놀이 문해력 활동** 감정 모래병 – 층층이 행복이

> **활동 방법**

1. 준비한 여러 색의 색모래마다 내가 느껴지는 감정을 정해서 붙인다.(예 : 분홍 모래 – 사랑해 / 파란 모래 – 뿌듯해)
2. 작은 병에 나를 행복하게 만드는 감정들을 떠올리며 층층이 모래를 담는다.(감정의 우선순위나 감정의 크기에 따라 색의 순서와 양을 정한다.)
3. 새롭게 탄생한 감정의 이름을 네임택에 적고 병에 묶는다.

> **확장 활동**

- 감정 카드 만들기
- 감정 키링 만들기
- 감정 맞히기 게임
- 나만의 감정 사전 만들기

21
너에게

홍명선 글·그림 | 키큰도토리

#따뜻한마음 #마음위로 #특별한능력 #안아주기 #괜찮아

상처받아 아픈 마음을 위로해 주는 따뜻한 편지가 도착했어요. 특별한 능력을 가진, 모든 것을 안아 줄 수 있는 고양이 조엘이 마음이 아파서 담요를 푹 뒤집어쓰고 있는 아이를 발견합니다. 조엘이는 다가가서 아이를 꼭 안아 주며 괜찮다고 다독여 줍니다. 아이는 어떤 마음이 들었을까요?

- 편지를 받아 본 적이 있나요? 어떤 편지였나요?
- 조엘에게는 어떤 특별한 능력이 있었나요?
- 조엘이 친구들을 안아 주었을 때 친구들의 마음은 어땠을까요?
- 나를 따뜻하게 안아 주는 사람이 있나요?
- 내가 다른 사람에게 따뜻함이 담긴 편지를 써 준다면 어떤 내용을 쓰고 싶은가요?

- 『고양이 손을 빌려드립니다』
  김채완 글, 조원희 그림, 웅진주니어
- 『궁디팡팡』
  이덕화 글·그림, 길벗어린이
- 『날 안아 줘』
  시모나 치라올로 글·그림, 이현정 옮김, JEI재능교육
- 『꼬옥 안아 줘!』
  오언 매클로플린 글, 폴리 던바 그림, 홍연미 옮김, 미세기

활동 준비물

- 활동지, 색연필, 가위, 풀
★부록 활동지를 사용하세요.(p. 197. 199)

책놀이 문해력 활동   안아 주세요!

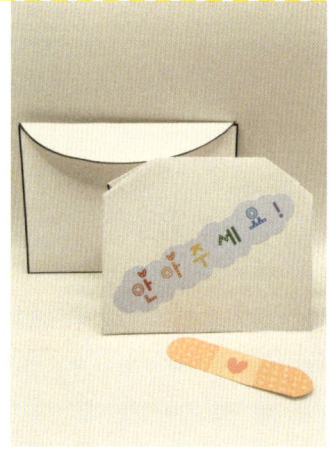

활동 방법

1. 활동지를 오려서 카드와 두 팔, 봉투, 밴드를 준비한다.
2. 카드 위쪽에 고양이 또는 동물의 얼굴을 그리고, 카드 아래쪽에는 따뜻한 위로의 말을 쓴다.
3. 카드를 반으로 접고 중간 양 끝 검은 부분은 산 접기를 한다.
4. 오려 둔 두 팔을 산 접기를 한 곳에 붙인다.
5. 봉투를 접어서 카드를 넣고 밴드로 붙인다.

확장 활동

- 위로 상자 만들기
- 따뜻 위로 쿠키 만들기
- 칭찬말 릴레이 게임

초록초록
환경·자연놀이

자연을 보고, 듣고, 느끼며 '생명'을 경험해요.
환경 들여다보기, 주위 둘러보기, 재활용 만들기, 자연 산책 등 다양한 활동을 해요.
자연 속에서 오감이 깨어나고 생명에 대한 소중함도 알게 돼요.

22
싹싹 소풍

마리아 라모스 글·그림 | 고영완 옮김 | 토끼섬

#소풍 #쓰레기 #재활용 #분리수거 #환경보호 #가능성

햇살이 쨍쨍 비치는 맑은 날, 맛있는 도시락을 싸서 소풍을 가요. 따뜻한 햇살을 맞으며 도시락을 싹싹 깨끗이 먹어요. 남은 머핀 부스러기도 개미들이 싹싹 깨끗하게 먹어요. 어? 그런데 머핀을 담았던 종이, 음료수를 넣었던 유리병과 통조림을 담았던 캔, 먹고 남은 배의 씨앗은 어떡하죠? 쓰레기까지 싹싹 치울 수 있을까요?

- 싹싹 소풍이란 무슨 뜻일까요?
- 소풍 갈 때 무엇을 챙겨 가면 좋을까요?
- 분리수거를 해 본 적이 있나요? 언제였나요?
- 왜 분리수거를 해야 할까요?
- 재활용품들은 어떻게 다시 사용될 수 있을까요?

- 『쓰레기 귀신이 나타났다!』
  백지영 글·그림, 미세기

- 『쓰레기 괴물』
  에밀리 S. 스미스 글, 하이디 쿠퍼 스미스 그림, 명혜권 옮김, 맛있는책

- 『지구를 지켜라! 슈퍼 재활용 우주 비행선』
  루스 퀘일 글, 제즈 투야 그림, 김현희 옮김, 사파리

- 『쓰레기차』
  김우영 글·그림, 팜파스

책놀이 문해력 활동 싹싹 분리배출

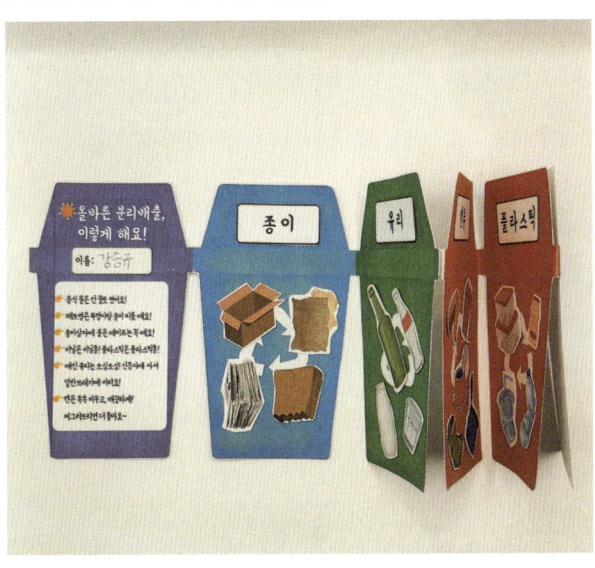
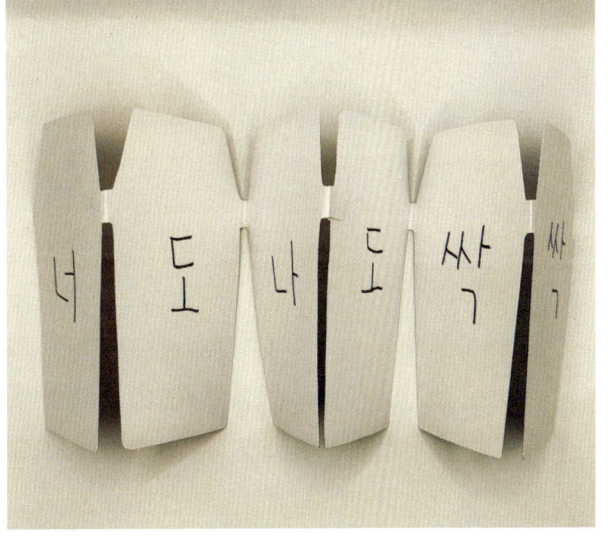

활동 준비물

- 활동지, 풀, 가위
★ 부록 활동지를 사용하세요.(p. 201, 203)

확장 활동

- 분리수거 OX 퀴즈
- 병뚜껑 과녁 놀이 활동

활동 방법

1. 활동지에 그려진 그림들을 모두 오린다.
2. 분리수거 기준에 맞게 분류해 올바르게 붙인다.
3. 뒷장에 '나의 다짐'을 여섯 글자로 쓴다.

23
꽃이 필 거야

정주희 글·그림 | 북극곰

#나 #우리 #다양성 #꽃 #자람 #텃밭식물 #함께

식물이 자라면서 꽃을 피우듯이 텃밭 식물도 다채로운 꽃을 피워 냅니다. 농작물의 수확을 위해 심은 텃밭의 식물이 꽃을 피우는 모습을 아이의 시선으로 아름답게 담아낸 그림책입니다. 텃밭 식물이 자라는 과정은 아이들이 자라는 모습과도 사뭇 닮아 있습니다. 새싹처럼 자라날 우리 아이들에게서 과연 어떤 꽃이 피어날지 기대됩니다.

질문 톡톡
- 새싹이 쑥쑥 자라면 무엇으로 피어나나요?
- 반짝반짝 작은 별 모양은 어떤 꽃인가요?
- 불꽃놀이같이 꽃망울이 팡팡 터지는 꽃은 어떤 꽃인가요?
- 참깨꽃은 마녀 모자! ○○○ 참깨! 같은 주문을 만들어 볼까요?
- 나는 어떤 꽃으로 필까요?

연계 도서
- 『나도 꽃이야』
  노명숙 글, 백명식 그림, 고래책빵
- 『달에 간 나팔꽃』
  이장미 글·그림, 글로연
- 『비빔밥 꽃 피었다』
  김황 글, 전명진 그림, 웅진주니어
- 『마늘꽃』
  최서영 글·그림, 봄봄출판사

활동 준비물

- 활동지, 색종이(꽃, 줄기용 색종이), 풀, 가위
★부록 활동지를 사용하세요.(p. 205)

책놀이 문해력 활동　**생각꽃이 필 거야**

활동 방법

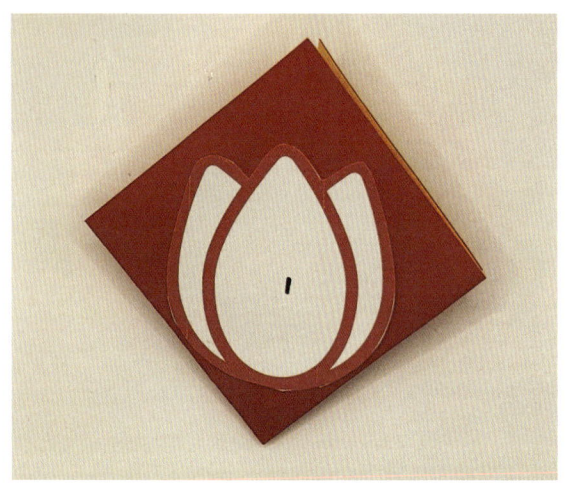

1. 색종이 1장을 사각주머니 접기로 접은 뒤 꼭짓점을 아래로 해서 '꽃잎 1'을 오려 붙인다.

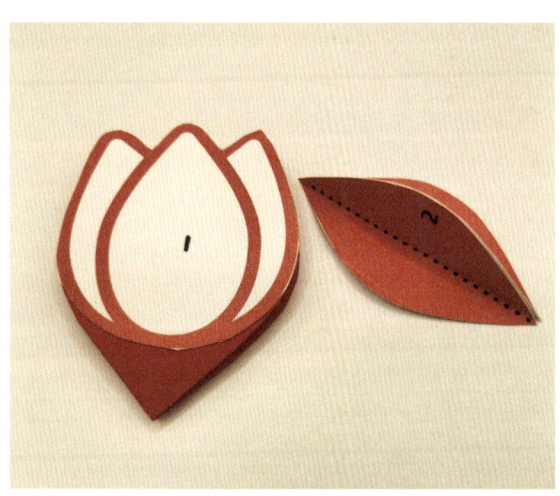

2. '꽃잎 1'을 붙인 색종이를 사진대로 전체 오리고, '꽃잎 2. 3'을 접은 후 안쪽을 맞닿게 붙인다.

3. '꽃잎 1' 위 가운데에 맞춰 서로 맞닿게 붙인 '꽃잎 2. 3'을 붙인다.

4. '하트 모양 조각'에 내가 되고 싶은 꽃을 적어 꽃잎을 펼쳐 안쪽에 붙인다.

5. 줄기용 색종이를 대각선 방향으로 말아 줄기를 만들고 꽃잎 뒤에 붙인 뒤 '잎사귀'를 붙인다.

확장 활동

- 채소꽃 리스 만들기
- 나뭇잎 목걸이 만들기
- 채소꽃 관찰하여 그리기

24

우리 곧 사라져요

이예숙 글·그림 | 노란상상

#바다오염 #해양동물 #멸종바다동물 #바다쓰레기 #지구환경지키기

푸른 바닷속에서 민팔물고기가 길을 잃었어요. 민팔물고기는 가시해마와 푸른바다거북에게 자신과 닮은 물고기를 본 적이 있는지를 물어봐요. 하지만 가시해마도 푸른바다거북도 잃어버린 친구와 친척들을 찾고 있다고 말해요. 셋이 하는 이야기를 듣고 주변에 있던 바다 동물들이 모여들기 시작해요. 그때 무언가가 바다를 뒤덮어요. 바다 동물들은 너무 놀라 꼼짝도 할 수가 없었어요. 과연 바닷속에서 무슨 일이 벌어진 걸까요?

- 바다에 가 본 적이 있나요?
- 바다에서 어떤 바다 동물들을 보았나요?
- 바다 동물들이 왜 점점 사라지고 있을까요?
- 바다 동물들을 지키기 위해 우리가 할 수 있는 일은 무엇일까요?

- 『나무늘보가 사는 숲에서』
  아누크 부아로베르, 루이 리고 글, 이정주 옮김, 보림

- 『할머니의 용궁 여행』
  권민조 글·그림, 천개의바람

- 『아기 거북이 클로버』
  조아름 글·그림, 빨간콩

- 『코끼리는 어디로 갔을까?』
  바루 글·그림, 사파리

활동 준비물

- 씨글라스, 포토 액자, 목공풀, 젤리펜, 색연필(사인펜)

책놀이 문해력 활동   씨글라스 카드

활동 방법

1. 맘에 드는 씨글라스 조각을 고른다.
2. 흰색 젤리펜으로 씨글라스 위에 그림을 그린다.
3. 목공풀로 포토 액자에 씨글라스를 붙인 뒤 어울리는 색으로 멋지게 꾸민다.

확장 활동

- 씨글라스 포토 액자 전시회
- 멸종 바다 동물 팝업북

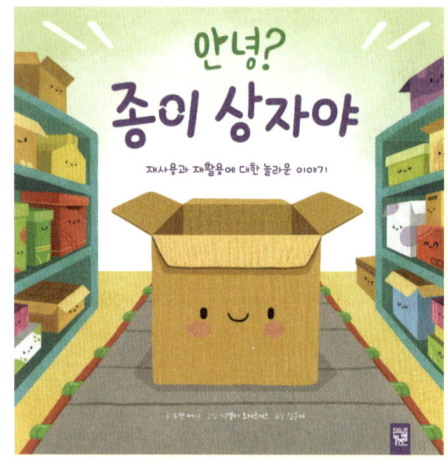

25

안녕? 종이 상자야

수잰 퍼시 글 | 기젤라 보헤르케즈 그림 | 김은재 옮김 | 키즈엠

#종이상자 #재활용 #재사용 #분리수거
#환경보호 #재활용장난감

창고에서 납작하게 접힌 채 포장해 주길 기다리던 종이 상자는 드디어 창고를 떠나게 됩니다. 한 여자아이에게 장난감을 전달한 종이 상자는 다른 빈 종이 상자들과 함께 유치원에 갔어요. 종이 상자는 장난감 우주선이 되어 아이들과 함께 신나게 놀았어요. 하지만 종이 상자가 찢어지면서 우주선 놀이는 끝이 났어요. 캄캄한 밤이 지나고 이른 아침이 되자 트럭에 실린 종이 상자는 재활용 공장으로 옮겨졌어요. 그곳에서 종이 상자는 어떻게 될까요?

- 우리는 종이 상자를 언제 사용하나요?
- 이야기 속 종이 상자는 어디로 갔나요?
- 유치원에 간 종이 상자는 어떻게 쓰였나요?
- 종이 상자로 가지고 놀아 본 적이 있나요?
- 종이 상자로 어떤 것을 만들 수 있을까요?

- 『상자 세상』
  윤여림 글, 이명하 그림, 천개의바람
- 『연필』
  김혜은 글·그림, 향
- 『나무를 돌려줘!』
  박준형 글, 이지 그림, 딜라이트리
- 『나무의 마음』
  이정록 글, 박은정 그림, 단비어린이

책놀이 문해력 활동 폐북 퍼즐

활동 준비물

- 다 먹고 난 과자 상자, 폐북, 가위, 딱풀

확장 활동

- 폐북 배지 만들기
- 폐북 엽서 만들기

활동 방법

1. 다 먹은 과자 상자를 깨끗이 정리한 후 필요한 부분을 오린다.
2. 과자 상자 크기에 맞춰 폐북도 알맞게 오린다.
3. 딱풀을 사용해 과자 상자와 폐북을 붙인 뒤 원하는 퍼즐 모양과 조각 수대로 오려 완성한다.

26
세상에서 가장 특별한 너

린다 크란츠 글·그림 | 김호인 옮김 | 걸음동무

#존중 #인정 #개성 #특별함 #나 #나다움 #장점

남과 다름이 '틀림'이 아닌 세상을 빛내는 특별한 '개성'임을 따스하게 알려 주는 책입니다. 이 책을 읽는 아이들은 애드리나 바닷속 물고기들처럼 자신 역시 특별한 개성을 가진 존재임을 깨닫고 자존감을 높일 수 있습니다. 그리고 다름을 인정하고 존중하는 열린 마음을 가질 수 있습니다. 세상을 배우는 아이들뿐 아니라 삶에 무뎌진 어른들에게도 자신의 가치를 일깨우며 깊은 울림을 줍니다.

- 세상에서 가장 특별한 너는 누구일까요?
- (면지를 읽고) 나는 어떤 특별함이 있나요?
- 책장을 넘길 때마다 애드리를 찾아볼까요?
- 애드리가 여행을 통해서 알게 된 것은 무엇인가요?

- 『나는요,』
  김희경 글·그림, 여유당

- 『이게 정말 나일까?』
  요시타케 신스케 글·그림, 김소연 옮김, 주니어김영사

- 『가장 소중한 너』
  린다 크란츠 글·그림, 유나 신 옮김, 옐로스톤

- 『난 남달라!』
  김준영 글·그림, 국민서관

활동 준비물

- 돌멩이, 장식 재료(모자, 무빙아이 등), 색칠 도구(아크릴 마커펜, 매직, 색연필 등)

책놀이 문해력 활동   **특별한 돌멩이**

활동 방법

1. 돌멩이를 씻어 먼지를 제거해서 말린다.
2. 깨끗하게 말린 돌멩이를 색연필이나 매직으로 개성 있게 채색한다.
3. 꾸미기 재료로 나만의 돌을 장식한다.

확장 활동

- 감정 카드 만들기
- 칭찬 릴레이 게임
- 특별한 낚시 놀이

토닥토닥
함께놀이

함께 어울리며 따뜻한 관계를 배워요.
혼자보다는 함께할 때 더 즐겁고, 마음도 더 자라난다는 걸 느껴요.
서로를 도우며 배려와 존중을 자연스럽게 익혀요.
함께하면 더 든든한 마음이 생겨나요.

27
꽃무늬 고양이 비누

소호랑 글·그림 | 킨더랜드

#비누 #나다움 #나 #함께 #변신

'꽃무늬 고양이 비누'는 언제나 사랑받기를 원했습니다. 그래서 뾰족한 귀가 동그래져도, 귀가 닳아 없어져도, 얼굴이 사라지고, 꽃무늬가 사라져 작은 조각 비누가 되어도 누군가에게 도움이 되는 존재라는 사실만으로 기쁘게 살아갑니다. 어느 날 새로 온 코알라 비누를 보며, 자신의 멋졌던 모습은 온데간데없이 버려졌다는 사실에 슬퍼합니다. 하지만 버려진 빨래망 속에서 만난 다른 조각비누를 통해 또 한 번 용기를 내게 됩니다.

- 나는 누구일까요?
  나는 여러 색깔과 모양이 있어요. / 나는 향도 여러 가지입니다. / 나를 만나려면 씻어야 해요. / 나는 물과 만나면 거품이 나요. 나는 누구일까요? (비누)
- 고양이 비누 얼굴이 점점 사라질 때 기분이 어땠을까요?
- 슬퍼하는 고양이 비누에게 어떤 위로의 말을 해 주고 싶나요?

- 『점보비누』
  소호랑 글·그림, 킨더랜드
- 『주문을 말해 봐』
  최숙희 글·그림, 웅진주니어
- 『쓰담쓰담』
  전금하 글·그림, 사계절

활동 준비물

- 쪼물락비누, 바닥용 비닐

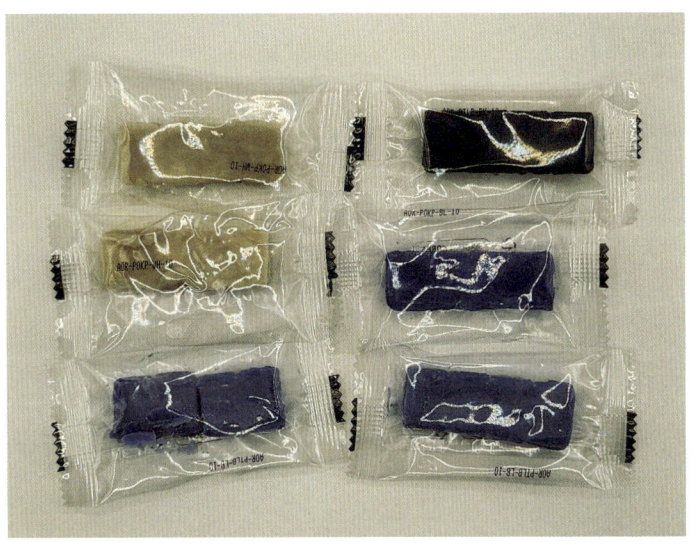

책놀이 문해력 활동   꽃무늬 비누 만들기

활동 방법

1. 내가 만들 비누 모양을 생각한다.
2. 쪼물락비누를 부드럽게 만든다.
3. 생각했던 모양대로 비누를 만든다.

확장 활동

- 동물 모양 비누 만들기
- 비누를 깎아 여러 가지 모양 만들기
- 멋진 비누 친구들에게 칭찬 카드 쓰기

28
그네

김현주 글·그림 | 바이시클

#함께 #새로운규칙 #새로운놀이 #즐거움 #모험

숲에서 우연히 만난 아이, 원숭이, 토끼, 코끼리 등 동물들이 그네에 올라탑니다. 하나씩 올라탈 때마다 흔들리는 그네 소리는 무게와 힘에 따라 다채로워져요. 그네는 숲을 넘어 하늘로 바다로 자연의 경계를 넘나듭니다. 그네가 위아래, 앞뒤를 반복하는 동안 동물들은 하나의 그네 위에서 함께 흔들리는 법, 새로운 규칙을 배웁니다. 그리고 즐겁게 새로운 놀이를 만들어 내며 함께 사는 법을 배웁니다.

- 혼자 그네를 탔을 때와 친구와 함께 그네를 탔을 때의 기분은 어땠나요?
- 숲속 친구, 하늘 친구, 바다 친구에는 어떤 동물이 있나요?
- 함께 그네를 타고 싶은 친구는 누구인가요?
- 그네를 타고 멀리 갈 수 있다면 어디로 가고 싶나요?

- 『우리, 함께 걸을까?』
  엘렌느 에리 글, 유키코 노리다케 그림, 이경혜 옮김, 문학과지성사
- 『아름다운 세상은 함께 만드는 거예요』
  소피 비어 글·그림, 상수리
- 『토리의 특별한 모험』
  이현정 글·그림, 걸음동무
- 『꼬마 토끼의 두근두근 숲속 모험』
  후지시마 에미코 글·그림, 권영선 옮김, 내일도맑음

책놀이 문해력 활동   **함께 그네**

활동 준비물

- 활동지, 사탕 비닐봉지 100cm, 과자 또는 사탕, 색연필, 사인펜, 테이프, 가위

★부록 활동지를 사용하세요.(p. 207)

확장 활동

- 회전북 만들기
- 하하 호호 놀이터

활동 방법

1. 사탕 비닐봉지에 과자나 사탕 등을 줄줄이 넣고 양 끝을 묶는다.
2. 활동지 중 함께 그네를 타고 싶은 동물 친구들을 선택해서 색칠한다.
3. 선택한 동물 친구들이 그네를 탈 때의 모습을 생각하며 흉내 내는 말을 채운다.
4. 동물 친구들을 오려서 함께 그네 목걸이에 붙인다.

29
나오니까 좋다

김중석 글·그림 | 사계절

#캠핑 #고릴라 #고슴도치 #친구 #행복 #함께 #나들이

어설프지만 듬직한 고릴라와 뾰족뾰족 신경질적으로 보이지만 친구를 배려하는 고슴도치가 캠핑을 갔습니다. 둘은 내내 티격태격합니다. 덜렁거리는 고릴라는 길도 잘 못 찾고, 텐트도 잘 못 치고, 혼자 저녁 짓는 것도 버거워합니다. 캠핑을 안 가겠다던 고슴도치는 그런 고릴라를 따라다니면서 잔소리를 하지만 결정적인 순간에는 고릴라가 원하는 것을 해 줍니다.

- 고릴라와 고슴도치는 어디로 가고 있나요?
- 캠핑을 가 본 적이 있나요?
- 고슴도치는 고릴라가 캠핑을 가자고 했을 때 왜 싫다고 했을까요?
- 캠핑을 가는 길은 어땠나요?
- 함께 캠핑하고 싶은 사람은 누구인가요?

- 『꼬르륵 꼬르륵 캠핑』
  구도 노리코 글·그림, 윤수정 옮김, 책읽는곰

- 『꽁꽁꽁 캠핑』
  윤정주 글·그림, 책읽는곰

- 『나의 완벽한 하루』
  송희진 글·그림, 모든요일그림책

- 『캠핑하기 딱 좋은 날』
  피피 쿠오 글·그림, 루이제 옮김, 에듀앤테크

활동 준비물

• 헌 그림책, 가위, 풀

책놀이 문해력 활동　　다시 태어난 텐트

활동 방법

1. 그림책 속 캠핑 장면을 떠올리며 숲속의 캠핑을 상상한다.
2. 헌 그림책의 표지와 속지를 분리한다.
3. 뜯어 낸 그림책 속지 중 한 장을 텐트 모양이 되도록 붙인다.
4. 텐트 바닥면도 다른 그림책 속지를 오려 붙인다.
5. 입체로 세우고 꾸미고 싶은 그림들을 오려 지지대를 만들어 붙여 완성한다.
   (너무 큰 그림은 세우기 어려우니 적당한 크기로 오려 붙인다.)
6. 완성한 작품에 이야기를 만들어 본다.

확장 활동

- 캠핑 랜턴 만들기
- 반딧불이 스노볼
- 숲에서 보물찾기

30
긴긴 겨울밤 초록나무는

종종 글·그림 | 모알보알

#겨울 #나무 #나무 #나답게 #상록수

사철 변하지 않는 상록수를 '초록나무'라는 캐릭터로 탄생시켜 숲속의 이야기를 펼쳐 갑니다. 친구들이 모두 알록달록한 가을옷을 입고 주변의 환경이 변해 갈 때 남들처럼 변하지 않는 자신의 모습에 시무룩해하던 초록나무는 결국 자신의 쓸모를 찾게 됩니다. 친구들이 모두 잠든 사이 눈 내리는 겨울밤을 외롭게 홀로 보내던 초록나무는 결국 크리스마스트리가 되어 숲속을 환하게 밝힌다는 따뜻하고 귀여운 이야기입니다.

- 긴긴 겨울밤 초록나무는 무슨 생각을 하고 있을까요?
- 숲의 나무들의 잎은 가을에 어떻게 변하나요?
- 나무들이 겨울잠을 자는 사이 초록나무는 어떻게 되었나요?
- 겨울밤에 홀로 있는 초록나무에게 어떤 내용을 쓴 카드를 보내면 좋을까요?

- 『강아지 시루와 가을과 겨울』
  아카쿠사 아이 글·그림, 전소민 옮김, 생각의집

- 『반짝반짝 크리스마스』
  문진서 글, 서영 그림, 을파소(21세기북스)

- 『눈사람은 눈사람』
  곰민정 글·그림, 초록귤

- 『커다란 크리스마스트리가 있었는데』
  로버트 배리 글·그림, 김영진 옮김, 길벗어린이

활동 준비물

- 활동지, 허니컴 종이, 가위, 풀, 색연필
★부록 활동지를 사용하세요.(p. 209, 211)

허니컴 종이

책놀이 문해력 활동   허니 트리 카드

초록 나무야
넌 정말 멋져
메리 크리스마스 ♡

활동 방법

1. '카드 도안'을 오린다.
2. '나무 도안'을 오려 허니컴 종이에 앞뒤로 붙여 모양대로 오린다.
3. 오린 허니컴 종이 나무를 카드 가운데 선에 맞춰 붙인다.
4. 카드 내용을 쓰고 '장식 그림'을 오려 붙인다.

확장 활동

- 크리스마스트리 만들기
- 초록나무를 위한 선물 상자
- 슈링클스 오너먼트 만들기

31
우리 가족 만나볼래?

율리아 귈름 글·그림 | 후즈갓마이테일

#가족 #다양성 #다문화 #인정 #한부모 #입양

떠들썩한 바다코끼리 가족, 조용한 두루미 가족, 서로 똑 닮은 펭귄 가족, 생김새가 다른 오리와 토끼 가족, 규칙 정하는 것을 좋아하는 하마 가족, 멀리 떨어져 사는 북극곰 가족…. 이렇게 가족은 모습이 다르지만 똑같은 것이 하나 있어요. 그게 무엇일까요? 화려한 색감과 귀엽고 재미있는 일러스트를 통해 한부모·다문화·입양 가족 등을 이야기하고 있어 아이들이 다양한 가족 형태를 자연스럽게 받아들일 수 있어요.

- (표지를 보고) 개구리는 어떤 가족일까요?
- 우리 가족과 비슷한 가족이 있었나요?
- 가장 기억에 남는 가족은 누구였나요?
- 가족들이 서로를 사랑하는 방법에는 어떤 것들이 있나요?

- 『커다란 포옹』
  제롬 뤼에 글·그림, 명혜권 옮김, 달그림
- 『모든 가족은 특별해요』
  로라 앙리-알란 MBE 글, 지오바나 메데이로스 그림, 신수경 옮김, 뭉치
- 『가족의 가족』
  고상한 그림책 연구소 글, 조태겸 그림, 상상의집

| 책놀이 문해력 활동 | 양말목 가족 |

| 활동 준비물 |

- 양말목 8개, 우드볼 1개(25mm 또는 20mm)

|만들기 순서|

1. 양말목 1개를 ∞자 모양으로 반 접고(2겹) 한 번 꼬아서 오른손 검지에 건다.

2. 양말목 1개를 반 접어 검지, 중지 위에 올린다.

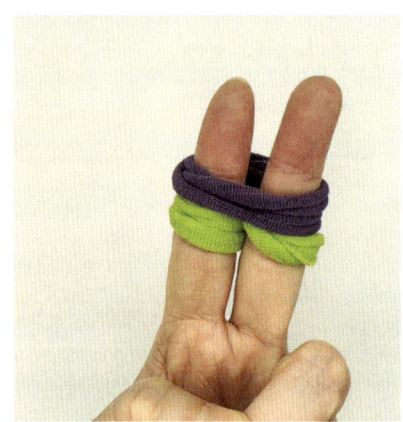

3. 아래쪽에 있는 양말목을 잡아 손가락을 통과해서 가운데로 모은다.

4. 양말목 1개를 반 접어서 다시 기본 양말목 위에 올린다.

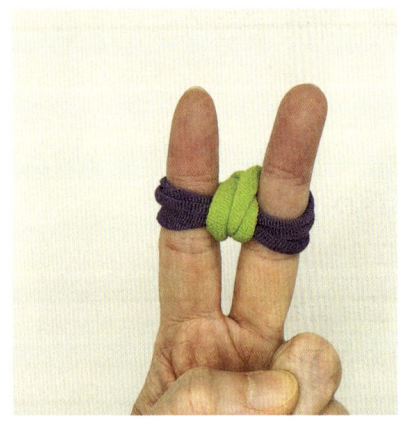

5. 아래쪽에 있는 양말목을 잡아 손가락을 통과해서 가운데로 모은다. 5개까지 반복한다.

6. 남아 있는 양말목 1개로 손에 걸려 있는 양말목이 풀리지 않게 통과해서 묶는다.

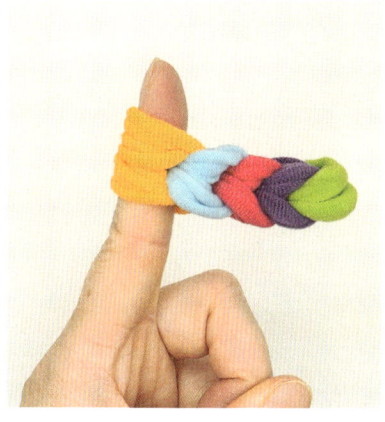  

7. 우드볼을 통과시킨 뒤 묶는다.

8. 우드볼에 표정을 그리고 볼이 빠지지 않게 매듭짓는다.

9. 양말목 끝부분을 매듭짓고 몸통 부분을 통과하여 손, 발을 만든다.

확장 활동

- 자연물 인형 만들기
- 가족 이야기책 만들기
- 가족사랑 탑 쌓기

32
엄마 셋 도시락 셋

국지승 글·그림 | 책읽는곰

#봄 #소풍 #엄마 #도시락 #설렘

아이들이 봄 소풍을 가는 날이에요. 세 엄마는 저마다 맡은 일을 해내느라 성큼 다가온 봄기운을 알아차리지 못합니다. 분주한 하루가 저물어 갈 즈음에야 비로소 온 천지에 가득한 꽃향기가 엄마들 마음에도 천천히 스며듭니다. 아이들이 내민 꽃 한 송이, 빈 도시락에 담겨 온 봄꽃들과 함께 말이지요. 저마다 다른 모습으로 살아가지만 아이를 사랑하는 마음만은 똑같은 세 엄마의 이야기가 설렘 가득한 봄날의 풍경과 함께 펼쳐집니다.

질문 톡톡
- (표지를 보고) 어느 계절일까요?
- 표지에 보이는 사람들은 어떤 모습인가요?
- 누구의 도시락일까요?
- 세 엄마는 왜 도시락을 준비했나요?
- 준이는 엄마에게 무엇을 선물했나요?

연계 도서
- 『아빠 셋 꽃다발 셋』
  국지승 글·그림, 책읽는곰
- 『엄마가 간다!』
  김진미 글·그림, 길벗어린이
- 『아빠, 나한테 물어봐』
  버나드 와버 글, 이수지 그림, 이수지 옮김, 비룡소

활동 준비물

• 도시락 박스, 조화, 철수세미, 다양한 색깔 뽕뽕이, 이쑤시개, 카드

책놀이 문해력 활동   사랑 꽃 도시락

활동 방법

1. 도시락 박스 안에 철수세미를 올린다.
2. 조화를 적당한 크기로 잘라 수세미 위에 꽃 꽂이하듯 꽂는다.
3. 뽕뽕이에 이쑤시개를 꽂아 꽃과 함께 장식한다.
4. 사랑을 담은 카드를 쓴다.

확장 활동

• 자연물 도시락
• 봄나무 표현하기
• 사랑 꽃다발 만들기

지글보글 요리놀이

재료를 만지며 오감이 반짝! 작은 요리사가 되어 봐요.
색깔, 냄새, 촉감으로 감각을 깨우고, 순서를 지켜 요리를 흉내 내요.
놀이 속에서 수 개념, 시간 감각, 협동심도 자라나요.
결과물을 만드는 뿌듯함은 덤이랍니다.

33
샌드위치 소풍
이수연 글 | 강은옥 그림 | 키즈엠

#샌드위치 #소풍 #식빵 #딸기잼 #치즈

오늘은 소풍 가는 날이야. 폭신폭신 부드러운 식빵에 딸기잼을 쓱쓱 바르고 고소한 노란 치즈를 착! 짭조름한 햄도 잊으면 안 돼. 보드라운 달걀은 조심조심, 아삭아삭 오이는 얇게 썰어서 차곡차곡. 샌드위치에 또 무얼 넣을까? 식빵 표지를 열면 마치 진짜 같은 햄, 달걀 프라이, 오이, 토마토, 양상추 등 샌드위치 속 재료들이 나와요.

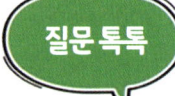
- 샌드위치를 먹어 본 적이 있나요?
- 어떤 재료가 들어간 샌드위치였나요?
- 샌드위치를 만들어 본 적이 있나요?
- 샌드위치에 어떤 재료를 넣고 만들어 봤나요?
- 샌드위치를 만들어서 어디로 소풍을 가고 싶나요?

- 『햄버거소풍』
  이수연 글, 이지혜 그림, 키즈엠
- 『우유책』
  박수연 글, 민승지 그림, 키즈엠
- 『두근두근 빵 축제!』
  노시 사야카 글·그림, 윤수정 옮김, 키즈바이브

활동 준비물

- 식빵, 햄, 치즈, 딸기잼, 시리얼, 스프링클, 눈알사탕, 과일, 소시지

책놀이 문해력 활동   소풍 도시락

활동 방법

1. 식빵을 4분의 1 크기로 자른다.
2. 햄, 치즈, 딸기잼을 넣어서 샌드위치를 만든다.
3. 딸기잼, 시리얼, 스프링클, 눈알사탕을 이용해 다양한 모습으로 꾸민다.
4. 샌드위치를 도시락 통에 담고, 과일 또는 소시지도 함께 담는다.

확장 활동

- 롤샌드위치 만들기
- 모양 샌드위치 만들기
- 식빵 피자 만들기

34
전놀이
동글 글 | 강은옥 그림 | 소원나무

#전놀이 #명절 #음식 #친구 #상상력 #놀이

노랗고 둥근 달빛이 부엌에 내려앉았어요. 곤히 자고 있던 친구들은 씨름을 하자는 송이버섯의 제안에 불평을 늘어놓았지만, 너 나 할 것 없이 놀이 장소로 모였어요. 음식 친구들은 눈밭에서 구르고, 노란 웅덩이에서 물장구를 치고, 기름 사이를 미끄러지며 밤새 신나게 놀았어요. 한참 뒤 정신을 차리고 보니 음식 친구들이 노릇노릇하고 맛깔스러운 전들로 변해 있었어요. 음식 친구들이 신나게 노는 사이에 과연 무슨 일이 일어났던 걸까요?

- 표지에 있는 채소들이 들고 있는 건 무엇인가요?
- 씨름을 하자고 한 건 누구였나요?
- 제일 좋아하는 전은 무엇인가요?
- 가장 만들고 싶은 전은 무엇인가요?

- 『설날 한 상』
  양주현 글·그림, FIKAJUNIOR(피카주니어)
- 『떡국의 마음』
  천미진 글, 강은옥 그림, 발견(키즈엠)
- 『우리 과자 왕중왕전』
  안선선 글, 벼레 그림, 달리
- 『마씨 할머니의 달꿀 송편』
  권민조 글·그림, 호랑이꿈

활동 준비물

- 쿠키 반죽(초록, 노랑, 초코, 분홍, 기본 반죽), 꼬치, 종이포일

책놀이 문해력 활동 동글납작 쿠키전

활동 방법

꼬치전 : 쿠키 반죽을 색깔별로 길쭉하게 빚고, 3가지 색을 나란히 놓은 뒤 꼬치용 이쑤시개를 끼운다.
호박전 : 기본 반죽을 동글납작하게 만든 뒤 초록 반죽으로 테두리를 두른다. 고추 고명도 만들어서 얹는다.
표고버섯전 : 초코 반죽을 동글납작하게 만들고, 그 위에 기본 반죽으로 X 모양을 올려 표고버섯 무늬를 표현한다.
새우전 : 기본 반죽으로 새우 몸통을 빚고, 분홍 반죽으로 꼬리를 만들어 붙인다.
육전 : 분홍 반죽을 동그랗고 얇게 눌러 만든 뒤 노란 반죽(달걀 느낌)을 얇게 덮는다.

확장 활동

- 전 캐릭터 만들기(예 : 웃음 깔깔 호박전)
- 전 미니어처 만들기

35
잔치국수

김이삭 글 | 이효선 그림 | 걸음동무

#잔치 #국수 #면 #혼례 #고명

여름날 먹으면 좋은 새콤달콤 비빔국수, 오이와 토마토가 올라간 고소한 콩국수, 아삭아삭 열무국수, 뜨끈한 국물이 좋은 잔치국수…. 예로부터 식구들이 많이 모인 자리에는 잔치국수가 빠지지 않았어요. 잔치국수는 잔칫날 먹는 음식이었어요. 옛날에는 고급 식품으로 대접받았는데, 요즘은 저렴하고 맛있어서 사랑받고 있어요. 국수 삶을 때 빙그르르 발레리나처럼 퍼지는 국수 가닥을 본 적 있나요?

- 잔치국수는 언제 먹나요?
- 잔치국수에는 어떤 재료가 들어가나요?
- 국수로 할 수 있는 요리는 무엇이 있나요?
- 특별한 잔칫날에 밀가루 국수를 먹는 이유는 무엇인가요?
- 내가 좋아하는 국수는 무엇인가요?
- 내가 국수에 넣고 싶은 재료는 무엇인가요?

- 『국수 먹는 날』
  문성해 글, 윤대라 그림, 상상
- 『밥·빵·국수』
  이은미 글, 박태희 그림, 키다리
- 『풀잎국수』
  백유연 글·그림, 웅진주니어

활동 준비물

- 삶은 국수, 호박, 당근, 달걀지단, 멸치육수

책놀이 문해력 활동 잔치국수 놀이

활동 방법

1. 국수를 미리 삶아 물기를 빼고 그릇에 담는다.
2. 호박, 당근, 달걀지단(노른자, 흰자), 김 등을 준비한다.
3. 준비한 재료를 모양틀을 이용해 동물, 별, 하트 등 다양한 모양으로 찍는다.
4. 국수 위에 예쁘게 모양 고명을 올려 나만의 잔치국수를 꾸민다.
   (국수를 넉넉히 삶아서 남은 재료들로 얼굴 꾸미기 놀이를 해 보세요.)

확장 활동

- 국수 얼굴 표현하기
- 국수 꾸미기 미술놀이
- 국수 요리 상상놀이

36
산타할아버지 우리 집에 오지 마세요!

한유진 글 | 젤리이모 그림 | 걸음동무

#산타할아버지 #크리스마스 #할아버지 #크리스마스트리 #선물

크리스마스는 마법 같은 날입니다. 모두 크리스마스를 설레는 마음으로 기다리지요. 산타할아버지는 어떤 선물을 갖고 오실까? 두근거리는 마음으로 크리스마스를 기대합니다. 그런데 아이들 모두가 산타할아버지를 똑같이 기다리는 건 아닙니다. 어떤 친구들에겐 산타할아버지가 조금 무서울 수도 있어요. 미소는 문을 꼭꼭 걸어 잠그고 산타할아버지에게 편지를 씁니다. 우리 집에 오지 말아 달라고요. 과연 산타 할아버지는 미소네 집에 올까요?

- 표지에 있는 아이는 무엇을 하는 걸까요?
- 산타할아버지의 표정은 어떤가요?
- 미소는 왜 산타할아버지를 오지 말라고 했나요?
- 미소가 받고 싶은 선물은 무엇이었나요?

- 『산타할머니』
  진수경 글·그림, 봄개울
- 『산타 목욕탕』
  김은비 글·그림, 북멘토
- 『모두의 크리스마스』
  김져니 글·그림, 웅진주니어
- 『산타 할아버지 질문 있어요!』
  김영진 글·그림, 길벗어린이

활동 준비물

- 납작 누룽지, 다양한 색깔의 초코펜, 견과류, 시리얼, 건조과일 등 꾸밈 재료

책놀이 문해력 활동 산타 누룽지 바크

활동 방법

1. 네모난 누룽지 바크 위에 다양한 색깔의 초코펜으로 그림이나 글씨를 쓴다.
2. 아직 굳지 않은 초코 위에 견과류, 시리얼, 건조과일 등 꾸밈 재료를 올린다.

확장 활동

- 아이싱 쿠키 꾸미기
- 크리스마스트리 만들기
- 크리스마스 케이크 만들기

37
나는 누구죠?

알레스 라티머 글·그림 | 김은재 옮김 | 키즈엠

#공룡 #공룡알 #엄마 #익룡 #티라노사우루스 #프테라노돈

강한 바람에 알이 둥지에서 떨어졌어요. 엄마와 헤어진 알이 소리쳤지요. "혹시 우리 엄마예요?" 알의 목소리를 들은 공룡들이 하나둘 다가왔어요. 하지만 단단한 껍데기 때문에 알 속의 모습은 보이지 않았어요. 알의 엄마를 찾아주려는 다양한 공룡들을 만나볼 수 있어요. 알의 엄마는 누구일까요?

- 표지에 있는 알은 어떤 동물의 알일까요?
- 내가 알고 있는 공룡이 있나요?
- 내가 만나고 싶은 공룡은 어떤 공룡인가요?
- 어떤 공룡을 좋아하나요?
- 공룡은 왜 사라졌을까요?
- (책 속) 공룡알은 어떤 공룡이었나요?

- 『덜덜덜!』
  케스 그레이 글, 닉 이스트 그림, 김선희 옮김, 스푼북
- 『상상해 봐, 공룡!』
  송지혜 글, 김현영 그림, 책읽는곰
- 『말랑말랑 박치기 공룡』
  김혜인 글·그림, 한림출판사

> **활동 준비물**

- 공룡 너겟, 채소(양상추), 방울토마토, 블랙올리브, 식빵, 소스(케첩)

> **책놀이 문해력 활동**　**공룡 샐러드**

> **활동방법**

1. 식빵을 4분의 1로 잘라서 용기 가운데에 화산 모양으로 쌓는다.
2. 식빵 위에 소스(케첩)를 뿌려 화산이 폭발한 모습을 재현한다.
3. 채소(양상추), 방울토마토, 블랙올리브를 주변에 담는다.

> **확장 활동**

- 알록달록 공룡알 샐러드 만들기
- 공룡탐정 – 단서 찾기 놀이
- 공룡 퍼즐 만들기

38
하늘 높이 핫케이크

종종 글·그림 | 그린북

#핫케이크 #하늘높이핫케이크 #상상력 #나다움 #자존감

핫케이크는 층층이 쌓아 올려 과일이나 시럽으로 장식하는 빵입니다. 핫케이크의 소원은 지금보다 더 커지는 것이었어요. 드디어 핫케이크는 소원대로 가장 큰 빵이 되었어요. 하늘 높이 올라가서야 핫케이크는 자신이 너무 먼 곳까지 왔다는 걸 깨달았어요. 어디선가 불어온 바람 때문에 중심을 잃고 핫케이크는 '쿵' 소리와 함께 무너져 내리고 말았죠. 이제 핫케이크는 어떤 생각을 하게 될까요?

- 가장 좋아하는 빵은 무엇인가요?
- (제목을 가리고) 어떤 핫케이크일까요?
- 내가 가장 잘하는 것은 무엇인가요?
- 가장 나다울 땐 언제인가요?

- 『브로콜리지만 사랑받고 싶어』
  별다름·달다름 글, 서영 그림, 키다리

- 『사자마트』
  김유 글, 소복이 그림, 천개의바람

- 『진정한 감귤』
  윤미경 글·그림, 걸음동무

- 『울퉁불퉁 크루아상』
  종종 글·그림, 그린북

활동 준비물

- 식빵, 생크림, 꿀, 블루베리, 초콜릿, 스프링클

책놀이 문해력 활동   하늘 높이 더 높이

활동 방법

1. 식빵을 4분의 1로 잘라서 쌓는다.
2. 4분의 1로 자른 식빵을 더 작게 잘라서 높이 쌓는다.
3. 크기별로 식빵을 더 높이 쌓는다.
4. 쌓기 놀이가 끝난 후 생크림, 꿀, 블루베리로 꾸민다.

확장 활동

- 도미노 쌓기
- 식빵 기찻길 만들기
- 식빵 얼굴 꾸미기

39

지구 레스토랑

조영글 글·그림 | 창비

#지구 #환경 #자연의 소중함 #지구의 사계절

지구가 멸망한 어느 먼 미래, 우주의 끝 아스라이 행성에 정착한 마지막 지구인들은 그곳에서 지구를 기억할 수 있는 유일한 장소인 '지구 레스토랑'을 차립니다. 그리고 지구 레스토랑을 방문한 외슐랭(외계 미슐랭) 평가원과 아스라이 행성 우주인들에게 '지구의 아름다움'을 재료로 한 접시 위 예술을 펼쳐 보입니다. 아름다운 지구의 맛에 푹 빠진 우주인들은 '억 소리 나는' 사계절 지구 코스에 기꺼이 지갑을 열게 될까요?

- 표지에 보이는 곳은 어디일까요?
- 2424년 지구는 어떤 모습일까요?
- 사계절 중 언제를 가장 좋아하나요? 좋아하는 이유는 무엇인가요?
- 사라진 지구를 떠올리게 하는 이유는 무엇인가요?

- 『뭐야, 지구가 떠났다고?』
  카타리나 소브랄 글·그림, 강인경 옮김, 베틀북
- 『세상의 모든 아이스크림』
  마수드 가레바기 글·그림, 명혜권 옮김, 파랑서재
- 『소고기를 덜 먹으면 북극곰을 구할 수 있다고?』
  케이티 데이니스 글, 로이진 해히시 그림, 조남주 옮김, 어스본코리아

책놀이 문해력 활동　**톡톡톡 봄비 주스**

활동 준비물

- 시리얼, 초코볼, 과자, 츄잉캔디, 솜사탕, 스프링클, 꾸밈 재료, 우유 등

활동 방법

1. 예쁜 용기에 시리얼, 초코볼, 과자, 츄잉캔디 등을 섞어서 담는다.
2. 솜사탕으로 나만의 신비스러운 모양을 만들어서 장식한다.
3. 스프링클이나 꾸밈 재료로 꾸민다.
4. 먹기 전에 우유를 붓는다.

확장 활동

- 채소 가득 건강 샌드위치 만들기
- 지구 지키기 캠페인송 만들기
- 지구 레스토랑 메뉴판 만들기

40
귀신님! 날 보러 와요!

진수경 글·그림 | 천개의바람

#귀신 #할머니 #기도 #물귀신 #미라 #두려움

돌아가신 할머니가 그리운 영우는 단 한 번만이라도 할머니를 다시 만나고 싶었어요. 그때 오빠가 사람은 죽으면 귀신이 된다며 할머니도 귀신이 된 거라고 알려 줘요. 할머니가 영영 사라진 줄 알았던 영우는 오히려 기뻤어요. 그리고 두 손 모아 기도를 했어요. '할머니, 귀신이라도 좋으니 나를 만나러 와 주세요.' 영우의 기도는 엉뚱하게 세계 여러 귀신에게 전해져요. 과연 영우의 기도가 이루어질까요?

- 주인공은 어떤 기도를 하고 있을까요?
- 내가 알고 있는 귀신의 이름은 무엇인가요?
- 주인공 영우가 가장 보고 싶었던 사람은 누구였나요?
- 책 속에서 가장 무서운 귀신은 누구인가요?

- 『귀신이다냥』
  오쓰카 겐타 글, 시바타 게이코 그림, 황진희 옮김, 길벗어린이

- 『오싹오싹 크레용』
  에런 레이놀즈 글, 피터 브라운 그림, 홍연미 옮김, 토토북

- 『절대로 누르면 안 돼! 핼로윈에도』
  빌 코터 글·그림, 이정훈 옮김, 북뱅크

| 책놀이 문해력 활동 | 으스스 주먹밥 |

활동 준비물

- 밥, 치즈(흰색, 노란색), 소시지, 김, 검은깨, 케첩, 꾸밈 재료

활동 방법

미라 주먹밥
1. 동글동글하게 주먹밥을 만들고 김으로 감싼다.
2. 흰색 치즈를 길게 잘라서 김을 입힌 주먹밥에 붕대를 감는 것처럼 두른다.
3. 작은 동그리미로 눈을 표현하고 김 또는 검은깨로 눈을 표현한다.

호박 주먹밥
1. 동글동글하게 주먹밥을 만들고, 치즈를 길게 잘라 주먹밥을 감싼다.
2. 김을 동그라미, 세모, 입 모양으로 잘라서 붙인다.

소시지 미라
1. 소시지를 데친 후 흰색 치즈를 길게 잘라 소시지를 감싼다.
2. 김과 치즈를 이용하여 눈을 만들고 케첩을 살짝 뿌린다.

해골 주먹밥
1. 동글동글하게 주먹밥을 만들다가 주먹밥의 옆 부분을 살짝 눌러서 해골 모양을 만든다.
2. 김을 잘라서 눈, 입 모양을 개성 있게 표현한다.
3. 케첩을 살짝 뿌린다.

확장 활동

- 종이컵 귀신 만들기
- 오싹오싹 변신 놀이

41
잠이 솔솔 핫초코

양선 글·그림 | 소원나무

#동심 #판타지 #마법의세계 #포근한꿈 #꿀잠 #상상

밤이 찾아오고 인형들은 잠잘 준비를 합니다. 하지만 오늘은 유난히 잠이 오지 않습니다. 잠들고 싶은 인형들은 핫초코를 만들기 위해 여행을 떠납니다. '잠이 솔솔 나라'에 도착한 인형들은 레시피를 따라 핫초코를 만들기 시작합니다. 마음에 드는 머그잔에 고소한 우유와 핫초코가루, 달콤한 꿀, 반짝이는 잠 조각을 넣고 잠을 부르는 포근한 노래로 저으면 잠이 솔솔 핫초코 완성입니다. 과연 인형들은 핫초코처럼 달콤한 잠에 빠질 수 있을까요?

- 잠이 안 온 적이 있었나요?
- 잠이 잘 오게 하려고 해 본 방법이 있나요?
- 잠이 솔솔 핫초코에 내가 넣고 싶은 재료가 있나요?
- 나는 어떤 핫초코 레시피를 만들고 싶나요?

- 『잠이 오는 이야기』
  유희진 글·그림, 책소유
- 『별 조각 상점』
  토마쓰리 글·그림, 웅진주니어
- 『곰 할머니의 잠 가게』
  양선 글·그림, 달리

책놀이 문해력 활동   **수리수리 잠 솔솔 핫초코!**

활동 준비물

- 용기, 핫초코가루, 마시멜로, 쿠키, 아이싱

활동 방법

1. 핫초코를 담을 컵을 예쁘게 꾸민다.
2. 준비된 컵에 핫초코가루와 마시멜로를 넣는다
3. 아이싱으로 쿠키를 꾸민다.

확장 활동

- 걱정인형 만들기
- 잠자리 체조하기

42
한 그릇

변정원 글·그림 | 보림

#한그릇 #음식 #친구 #비빔밥

밥솥에서 밥들이 나와 바쁘게 준비합니다. 오늘 점심의 비빔밥 잔치에 친구들을 초대했어요. 싱그러운 물방울을 머금은 콩나물, 땅속의 양파와 당근, 깊은 산속에 사는 버섯에게 초대장을 보냈어요. 용감한 달걀과 바다 건너 사는 소고기도 물론이고요. 초대장을 받은 친구들은 한데 모여 근사한 비빔밥 잔치를 벌입니다. 톡톡 튀는 재미난 상상력으로 한 끼 식사의 즐거움을 이야기하는 그림책입니다.

- 표지에 보이는 채소들의 이름은 무엇인가요?
- 한 그릇 음식이란 무엇인가요?
- 만들고 싶은 한 그릇 음식은 무엇이 있나요?
- 한 그릇 음식을 만들어 누구와 먹고 싶나요?

- 『밥 한 그릇 뚝딱!』
  이소을 글·그림, 상상박스

- 『무엇으로 되어 있을까?』
  오모리 히로코 글·그림, 고향옥 옮김, 길벗스쿨

- 『짜장면 왔습니다!』
  진수경 글·그림, 이정희감수, 책읽는곰

활동 준비물

- 롤리팝케이스, 카스테라(케이크시트), 생크림, 프루츠칵테일 또는 과일

책놀이 문해력 활동   롤리팝 케이크

활동 방법

1. 카스테라(케이크시트)를 옆으로 이등분한다.
2. 롤리팝케이스로 찍어서 동그라미를 만든다.
3. 롤리팝케이스에 카스테라, 생크림, 카스테라, 생크림, 프루츠칵테일 또는 과일로 장식한다.

확장 활동

- 비빔밥 만들기
- 볶음밥 만들기
- 카레라이스 만들기

43
채소 이발소

야마다 마치 글 | 가와무라 후유미 그림
봉봉 옮김 | 미운오리새끼

#채소 #이발소 #손님 #상상력 #최신유행

"어서 오세요! 여기는 채소 이발소입니다." 채소 이발소는 날마다 손님들로 북적입니다. 다양한 채소 손님이 찾아와 머리를 자르고, 파마를 하고, 드라이를 하고, 마사지를 받고, 수염을 다듬고, 알갱이를 빗질합니다. 이발소를 잘못 찾아온 과일은 '과일 이발소'로 가라고 돌려보내기도 합니다. 이발소에서 잔뜩 멋을 낸 채소들이 향하는 곳은 어디일까요?

- 이발소는 어떤 곳인가요?
- 채소 이발소는 어떤 채소들이 이용할까요?
- 가장 멋지게 이발을 한 채소는 누구인가요?
- 내가 이발소 주인이라면 어떤 채소를 이발해 주고 싶은가요?

- 『채소들아, 어디 가니?』
  미소선생 글, 천이진 그림, 임미라 옮김, 에듀앤테크
- 『비벼! 비벼! 비빔밥』
  김민지 글, 김고은 그림, 미래아이
- 『토끼 씨, 시금치 주세요』
  이상교 글, 이희은 그림, 사계절

책놀이 문해력 활동　　**층층 컵밥**

활동 준비물

- 아이스컵, 짤주머니, 밥, 호박볶음, 소고기볶음, 당근볶음, 달걀프라이, 고추장, 참기름

활동 방법

1. 아이스컵에 한 숟가락 정도의 밥을 넣는다.
2. 밥 위에 호박볶음을 넣는다.
3. 다시 밥을 한 층 더 쌓는다.
4. 밥 위에 소고기볶음을 넣는다.
5. 다시 밥을 한 층 더 쌓는다.
6. 밥 위에 당근볶음을 넣는다.
7. 컵이 다 채워지면 제일 위에 달걀프라이를 올린다.
8. 달걀프라이 위에 참기름을 서너 방울 떨어뜨린다.
9. 짤주머니에 고추장을 넣고 컵밥용 고추장을 준비한다.

확장 활동

- 채소 도장 찍기
- 채소 시장 놀이
- 채소 탐정 놀이

44
김밥의 탄생

신유미 글·그림 | 봄개울

#김밥 #김 #포용력 #친구 #탄생

추운 나라 냉바리오장고고윙윙에 시금치, 당근, 단무지, 달걀, 햄, 밥이 이사를 왔어요. 친구들은 각자 맛있는 음식으로 변신하기를 기대하면서 시간을 보냈어요. 어느 날 새까만 김이 이사를 왔어요. 김은 외롭게 혼자서 지냈죠. 여러 날이 흘렀지만 아무도 맛있는 음식으로 변신하지 못했어요. 친구들을 두고 볼 수만 없었던 김이 드디어 친구들 앞에 나서게 돼요. 과연 김은 친구들을 위기에서 구해 줄까요?

- 김밥에 어떤 채소가 들어갔나요?
- 김이 냉장고 나라에 왔을 때 친구들은 어떻게 했나요?
- 김밥을 만들 때 꼭 넣고 싶은 재료는 무엇인가요?
- 김의 도움으로 김밥이 되었을 때 각각의 채소(김)는 어떤 기분이었을까요?

- 『돌돌 말아 김밥』
  최지미 글·그림, 책읽는곰

- 『쭈삐르와 커다란 김밥』
  현민경 글·그림, 한울림어린이

- 『김밥은 왜 김밥이 되었을까?』
  채인선 글, 최은주 그림, 한림출판사

- 『모두 함께 김밥』
  전영옥 글·그림, 리틀씨앤톡

활동 준비물

- 김, 밥, 스크램블드에그, 햄, 치즈

책놀이 문해력 활동 사각김밥

활동 방법

1. 전장 김을 펼치고 김 위에 4등분하여 밥, 스크램블드에그, 햄, 치즈를 가지런히 올린다.
2. 김의 4분의 1을 자른다.(한쪽 면만 자른다.)
3. 햄, 밥, 스크램블드에그, 치즈 순으로 접는다.

확장 활동

- 꼬마김밥 만들기
- 삼각김밥 만들기
- 롤유부초밥 만들기

45

마음 식당

찰리 글·그림 | 킨더랜드

#마음식당 #감정요리 #위로 #마음치유 #특별메뉴

어느 날 한 통의 초대장이 도착합니다. 이 초대장을 입에 물고 따듯한 물이 채워진 욕조에 잠수한 후 짠맛이 느껴진다면 마음 식당에 도착한답니다. "마음 식당에 오신 걸 환영합니다. 여기, 당신의 마음을 위한 특별한 메뉴가 준비되어 있습니다." 마음 식당에서는 사람들의 마음을 맛있는 냄새가 나고 먹음직스러워 보이는 요리로 만들었습니다. 허기진 마음을 배 불리고 치유할 수 있도록 말이지요.

- 마음 식당에는 어떤 요리들이 있을까요?
- 마음 식당에서 가장 먹어 보고 싶은 요리는 무엇인가요?
- 마음 식당에서 가장 특별한 요리는 어떤 요리인가요?
- 마음 식당에서 주문하고 싶은 요리는 어떤 요리인가요?

- **『마음 기차』**
  보람 글·그림, 제제의숲

- **『마음 마트』**
  자현 글, 차영경 그림, 노란돼지

- **『마음 수선』**
  최은영 글, 모예진 그림, 창비

활동 준비물

- 활동지, 붕어빵, 미니도넛, 여러 가지 모양 젤리, 팝콘, 꼬치

★부록 활동지를 사용하세요.(p. 213)

책놀이 문해력 활동 마음 식당으로 오세요!

활동 방법

1. 붕어빵을 꼬치에 끼우고 그 위에 젤리를 끼운다.
2. 미니도넛을 꼬치에 끼우고 그 위에 과일 모양의 젤리를 끼운다.
3. 기다란 젤리를 주름 접듯이 접어 꼬치에 끼우고 그 위에 미니도넛을 끼운다.
4. 팝콘 담을 컵을 활동지에 있는 그림을 이용하여 꾸미고 팝콘을 담는다.

확장 활동

- 과일꼬치 꾸미기
- 소떡소떡 만들기
- 감정 메뉴판 만들기

7 두근두근 상상놀이

상상의 세계에서는 뭐든 될 수 있어요.
상상 이야기 만들기, 그림 그리기, 작품 만들기로 창의력을 키워요.
생각을 자유롭게 표현하면서 자신만의 세계를 만들어 가요.
상상은 문제 해결력과 표현력을 기르는 첫걸음이에요.

46

바니의 사계절 미용실

이은지 글·그림 | 위즈덤하우스

#동물 #사계절 #머리모양 #미용실 #창의력

멋진 변신을 위해 바니의 미용실로 향하는 나무늘보 누리는 길에서 바니의 미용실을 다녀오는 동물들을 만납니다. 정말 독특하고 멋져 보입니다. 누리는 얼른 멋지게 변신하고 싶어 마음이 급해집니다. 느릿느릿한 누리의 여정을 따라가다 보면 다채로운 계절의 변화를 발견할 수 있습니다. 특히 자연물을 이용한 독특한 머리 모양은 감탄을 자아냅니다.

- 바니의 사계절 미용실에는 어떤 손님이 올까요?
- 누리는 왜 미용실에 가고 싶었나요?
- 누리가 미용실에 가는 길에 어떤 계절들을 만났나요?
- 누리가 바니 미용실에 도착하기까지 아주 오랜 시간이 걸렸어요. 누리는 기다리는 동안 어떤 마음이었을까요?

- 『어서와 미용실』
  신경아 글, 신유진 그림, 키즈엠
- 『머리하는 날』
  김도아 글·그림, 사계절
- 『코끼리 미용실』
  최민지 글·그림, 노란상상
- 『옥수수의 변신 미용실』
  우에가키 아유코 글·그림, 전경아 옮김, 시공주니어

활동 준비물

- 종이접시, 펀치, 모루 끈, 뽕뽕이, 색연필, 사인펜

책놀이 문해력 활동 모루 미용실

활동 방법

1. 종이접시에 머리카락을 넣을 부분을 정하고 펀치로 구멍을 뚫는다.
2. 뚫은 구멍에 모루 끈을 끼워 넣고 자유롭게 구부려 머리카락 스타일을 만든다.
3. 모루 끈 끝에 뽕뽕이로 장식하고 다른 장식이 있으면 꾸민다.
4. 종이접시 가운데에 얼굴을 그린다.

확장 활동

- 사계절 누리의 초상화
- 바니 미용실 가는 날
- 사계절 지문 나무 그리기

47
봄 선물이 와요

도요후쿠 마키코 글·그림 | 김소연 옮김 | 천개의바람

#나눔 #숲 #동물 #봄 #친구 #더불어살기

고슴도치는 간식을 나눠 먹을 때에도, 놀 때에도 뾰족한 가시가 친구들을 찌를까 봐 걱정해요. 뾰족한 가시가 아니라 보들보들한 털이면 좋겠다고 바라기도 하지요. 그러다가 문득 뾰족한 가시는 아무런 쓸모가 없는 것인지 궁금해져요. 고슴도치의 가시가 친구들에게 선물이 될 수는 없을까요? 찬란한 봄을 더욱 환하게 빛나게 한 고슴도치의 진짜 선물은 무엇일까요?

- (제목을 가리고) 어떤 선물이 올까요?
- 겨울잠을 자고 나온 고슴도치는 숲속 친구들과 왜 함께 있지 않나요?
- 고슴도치는 가시로 무엇을 하기로 했나요?
- 고슴도치의 선물 덕분에 따뜻한 겨울을 난 동물들이 고슴도치에게 선물한 것은 무엇인가요?
- 고슴도치와 숲속 친구들처럼 나도 나누고 싶은 게 있나요?

- 『무무의 선물』
  천송이 만그루 글·그림, 고래뱃속
- 『나누어도 괜찮아』
  황선화 글·그림, 모든요일그림책
- 『목련 만두』
  백유연 글·그림, 웅진주니어
- 『벚꽃 팝콘』
  백유연 글·그림, 웅진주니어

> **활동 준비물**

- 활동지, 검정도화지, 플라스틱 화분 반쪽, 빨대, 고리, 신문지, 글루건

★부록 활동지를 사용하세요.(p. 215, 217)

> **책놀이 문해력 활동**   시들지 않는 꽃

> **활동 방법**

1. 검정도화지에 플라스틱 화분 반쪽을 잘라 글루건으로 붙인다.
   (플라스틱 화분이 없으면 활동지에 있는 화병 그림을 활용한다.)
2. 화분 안쪽에 신문지를 구겨 넣어 반쯤 채운다.
3. '꽃 도안'을 오려 뒤에 빨대를 붙인 후 화분에 꽂는다.
4. 검정도화지 윗부분에 구멍을 뚫고 끈이나 고리를 걸어 벽에 건다.

> **확장 활동**

- 봄 가득 꽃바구니, 봄 식물 심기
- 봄 액자 만들기
- 봄 선물 상자 꾸미기

48
엄청나게 근사하고 세상에서 가장 멋진 내 모자

에밀리 그래빗 글·그림 | 노은정 옮김 | 비룡소

#자기존중 #나 #개성 #모자 #유행

자기 마음에 들지도 않는 모자를 사며 유행을 따라가던 허버트는 점차 뭔가 잘못되고 있다는 걸 깨닫습니다. 친구를 따라 하는 것을 멈추고 곰곰이 생각해 봤어요. 새로 산 모자들은 어쩐지 자신하고 어울리지 않고, 다시 보니 디자인도 썩 별로였거든요. 사는 모자마다 금세 유행이 지난 오래된 모자가 되는 것도 신경 쓰였어요. 그래서 더 이상 유행을 좇지 않기로 결심하고 자신만의 스타일을 찾아갑니다.

- (제목을 가리고) 표지 그림을 보고 제목을 지어 볼까요?
- 엄청나게 근사하고 세상에서 가장 멋진 모자는 어떤 모자일까요?
- 허버트는 어떤 모자를 좋아했나요?
- 허버트가 모자를 새로 사러 간 이유는 무엇인가요?
- 친구들은 허버트가 모자를 살 때 뭐라고 했나요?
- 나만의 모자를 만든다면 어떻게 꾸미고 싶나요?

- 『봄날의 즐거운 모자 대회』
  사브라 인공 글·그림, 오목눈이
- 『모자 달린 노란 비옷』
  윤재인 글, 장경혜 그림, 느림보
- 『용기 모자』
  케이트 회플러 글, 제시사 베글리 그림, 이은주 옮김, 느림보

활동 준비물

- 활동지, 검정도화지, 풀, 가위, 색연필, 사인펜

★부록 활동지를 사용하세요.(p. 219)

책놀이 문해력 활동　　**엄청난 내 모자**

활동 방법

1. 검정도화지를 아이 머리둘레에 맞춰 띠 모양으로 잘라서 풀로 고정한다.
2. 활동지의 장식 도안을 색칠하고 오린다.
3. 활동지 빈 부분에 내가 좋아하는 것을 직접 그리고 색칠한 뒤 오린다.
4. 띠 둘레에 색칠한 장식과 내가 그린 그림을 붙인다.

확장 활동

- 숫자 연결 모자 만들기
- 모자 패션쇼
- 인디언밥 게임

49
오이 동그라미

최윤혜 글·그림
시공주니어

#오이 #동그라미 #탈것
#변신 #상상

동그라미는 무엇으로든 변신할 수 있어요. 동물로 변신하는 땅콩 동그라미, 곤충으로 변신하는 완두콩 동그라미에 이어 탈것으로 변신하는 오이 동그라미가 나타났어요. 오이 동그라미는 갖가지 탈것으로 변신해 동네 곳곳을 누볐어요. 오이 동그라미는 가장 먼저 무엇으로 변신할까요?

- 나는 누구일까요?
  나는 채소입니다. / 나는 길쭉합니다. / 나는 먹을 때 아삭아삭 소리가 납니다. / 나는 초록색입니다. 나는 누구일까요? (오이)
- 나는 누구일까요?
  나는 탈것입니다. / 나는 바퀴가 2개인 것도, 3개인 것도, 4개인 것도 있습니다. / 나는 전화기처럼 따르릉 소리를 냅니다. 나는 누구일까요? (자전거)
- 그림 조각을 보고 무엇인지 맞혀 볼까요?(오이, 자전거 등 탈것의 그림 조각을 보여 주고 질문하세요.)

- 『땅콩 동그라미』
  최윤혜 글·그림, 시공주니어
- 『완두콩 동그라미』
  최윤혜 글·그림, 시공주니어
- 『부릉부릉! 세상 모든 자동차 책』
  토드 파 글·그림, 도담도담 옮김, 키즈엠
- 『모양들의 여행』
  크라우디아 루에다 글·그림, 김세희 해설, 담푸스

책놀이 문해력 활동 오이의 변신

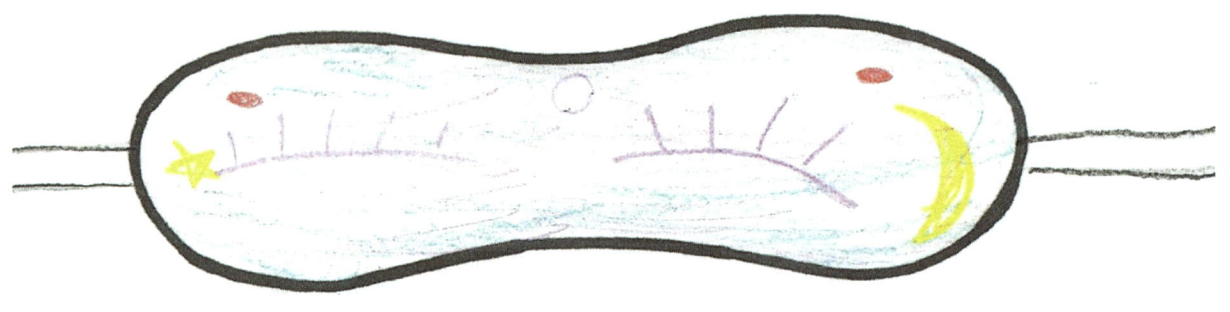

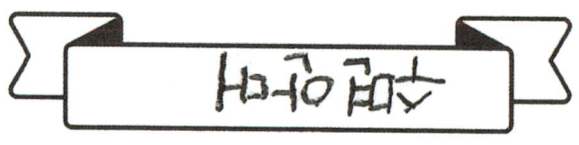

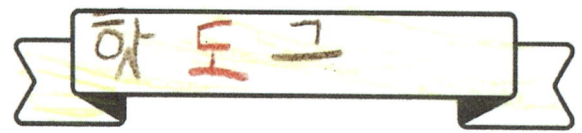

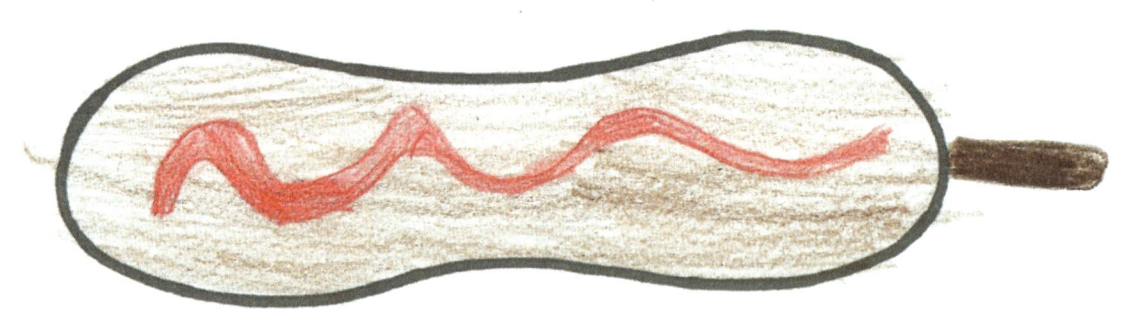

바닥면

★ 실선은 오리지 말고 접어서 사용해 주세요.

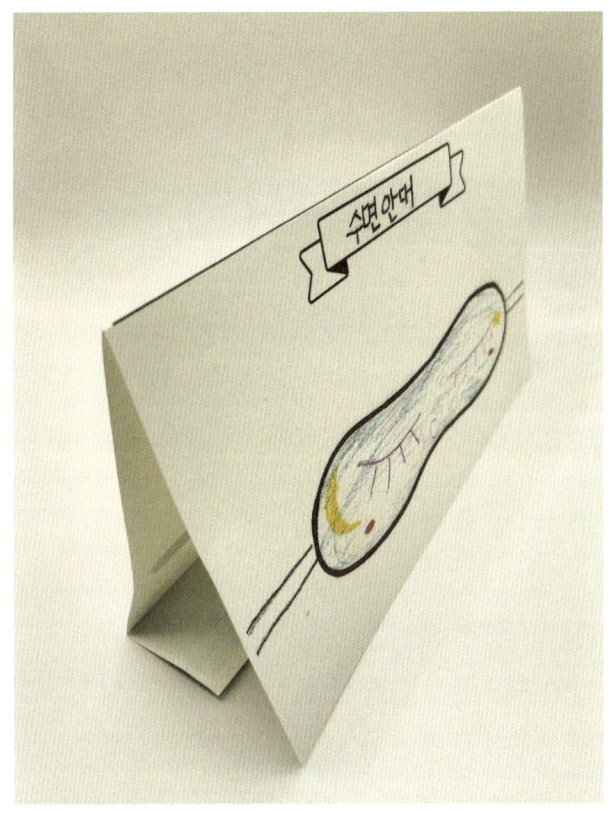

활동 준비물

- 활동지, 색연필, 사인펜

★부록 활동지를 사용하세요.(p. 221)

활동 방법

1. 오이 모양 동그라미를 보고 무엇이 될까 상상한다.
2. 색연필이나 사인펜을 사용해 내가 상상한 모습을 그림으로 표현한다.
3. 상상한 그림이 완성되면 바닥면을 따라 접어 입체적으로 세운다.
   (실선은 오리지 말고, 접어서 세우는 용도로만 사용한다.)

확장 활동

- 오이 카나페 만들기
- 다른 모양의 동그라미로 변신시키기
- 업사이클링 탈것 만들기

50
우다다, 달려 마을!

야둥 글 | 마이크 샤오쿠이 그림
류희정 옮김 | 한림출판사

#달리기 #마을 #동네 #소시지 #빵
#결합 #새로움 #상상 #재미

달려 마을에는 많은 주민이 살고 있어요. 달리기를 좋아하는 달려 마을 주민들은 매번 달리고 또 달립니다. 정신없이 달리다 보니 서로 부딪치기도 해요. 이 책에는 많은 사물이 서로 달려와서 부딪쳐요. 아이들이 좋아하는 동물, 음식, 생활용품과 글자도 맞부딪칩니다. 부딪힘은 갈등이 아니라 또 다른 결합이 되어 새로움을 낳아요. 새로움은 달려 마을 주민들에게 활력이 되고 끊임없이 달리기를 하는 원동력이 돼요.

- (제목의 가리고) ○○○○, 달려 마을! ○○○○에 어떤 말이 들어갈까요?
- (표지를 보고) 어떤 이야기일까요?
- 표지에 보이는 것들이 (나무, 신호등, 차)와 부딪치면 어떻게 될까요?

- 『엉뚱한 문방구』
  간장 글·그림, 제제의숲

- 『문제가 생겼어요!』
  이보나 흐미엘레프스카 글·그림, 이지원 옮김, 논장

- 『콩이와 변신 사자』
  초 신타 글·그림, 고향옥 옮김, 비룡소

- 『오늘은 수영장일까?』
  토모 미우라 글·그림, 김시아 옮김, 위즈덤하우스

책놀이 문해력 활동　　우다다다 달려 마을 미니책

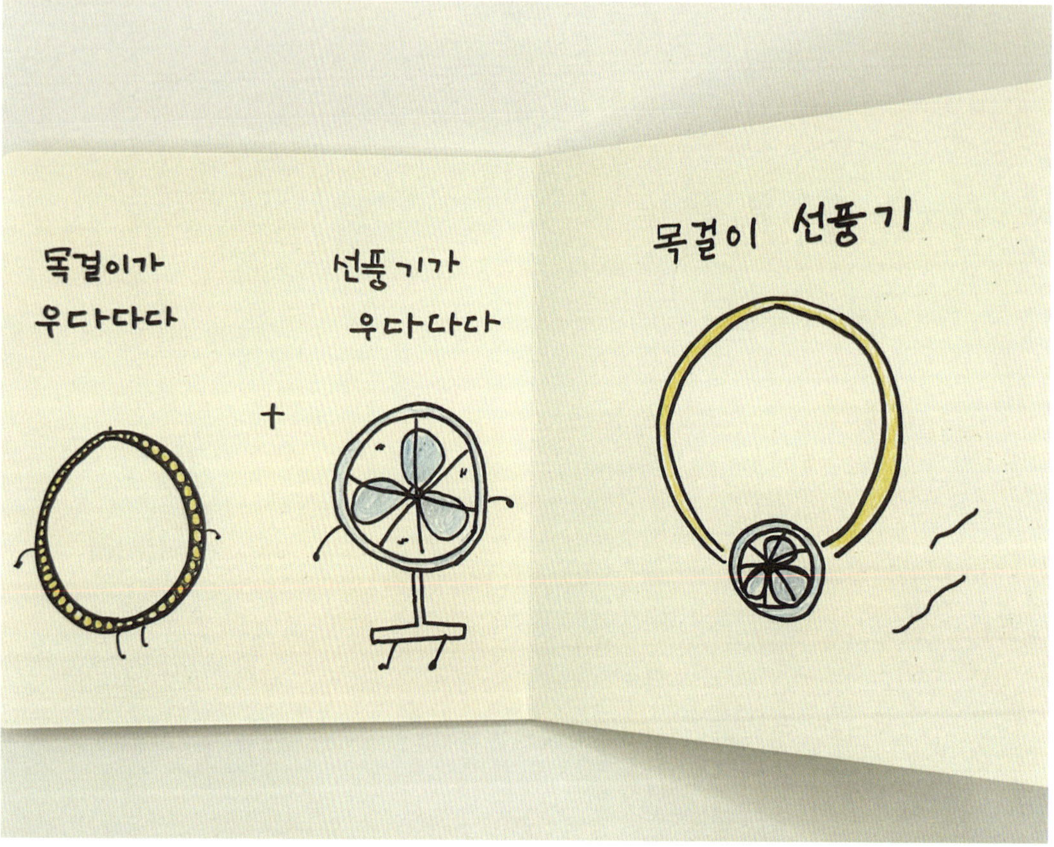
목걸이가
우다다다
선풍기가
우다다다
+
목걸이 선풍기

빵이
우다다다
소금이
우다다다
+
소금
소금빵

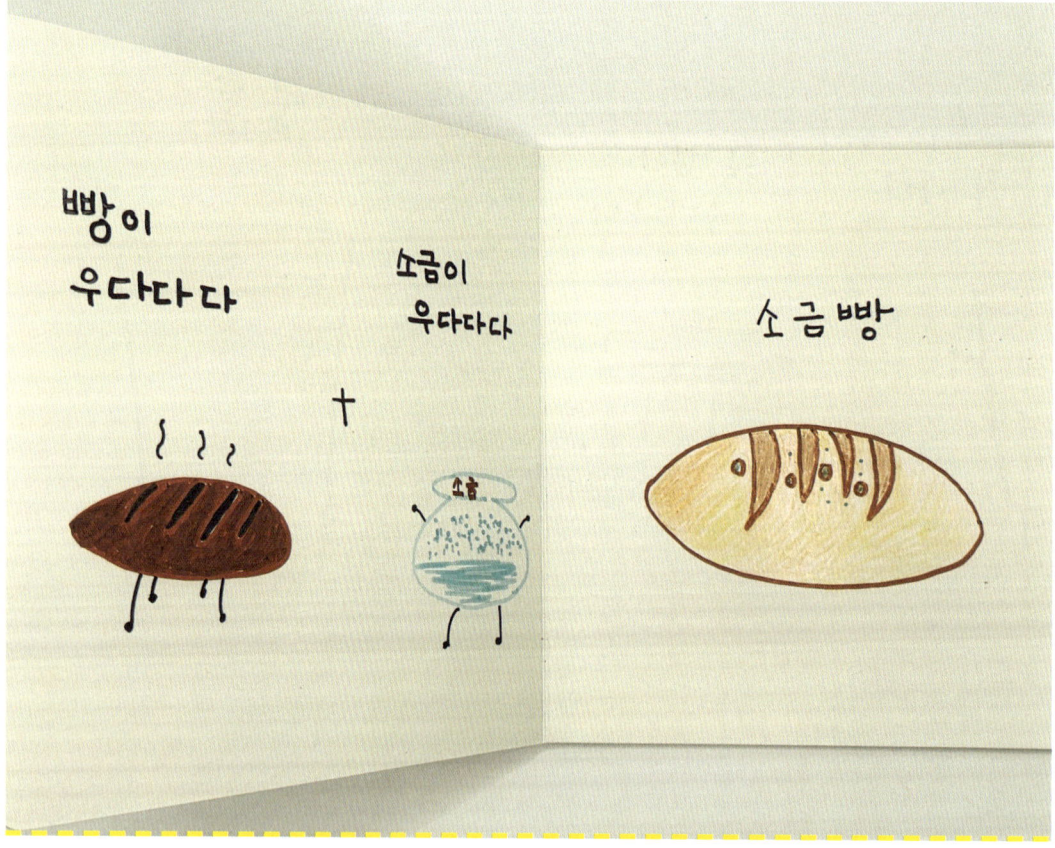

활동 준비물

- 스크랩북, 네임펜, 색연필

활동 방법

1. 스크랩북에 우다다다 달려 부딪치는 것들을 생각해서 그린다.
2. 무엇이 우다다다 + 무엇이 우다다다 = 꽝!
   (예 : 색연필 + 개 = 무지개 / 숫자 5 + 이빨 = 오이 / 붕어 + 권총 = 붕어빵)
3. 그림을 그리고 색칠하여 책을 만든다.

확장 활동

- 폐북 활용 콜라주 그림 놀이
- 우다다다 클레이 표현 놀이

51
감자가 만났어

수초이 글·그림 | 후즈갓마이테일

#감자 #과일 #채소 #상상 #재미

아이들이 처음에 만나는 식재료인 과일, 채소와 친하게 지낼 방법은 무엇일까요? 아이들이 좋아하는 사과나 바나나, 그리고 아이들과 그리 친하지 않은 완두콩과 가지, 호박…. 감자가 과일과 채소 친구들을 만나서 귀엽고 재미있는 그 무엇인가로 변합니다. 반복되는 어구와 의태어가 적절하게 실려 있어 경쾌한 운율로 책 읽는 즐거움을 더합니다.

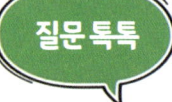
- 표지에 웃고 있는 것은 누구일까요?
- 표지에 있는 감자는 누구를 보고 웃고 있을까요?
- 감자는 왜 웃고 있을까요?
- 감자는 누구를 만났을까요?

- 『할머니의 감자』
  파메랄 엘렌 글·그림, 엄혜숙 옮김, 풀빛
- 『영웅감자』
  최정아 글, 이유승 그림, 코이북스
- 『채소 마을 콩 대장』
  이현선 글, 김이주 그림, 꿈터
- 『감자 감자 뿅』
  재희 글·그림, 킨더랜드

활동 준비물

- 다양한 크기의 감자, 다양한 채소, 이쑤시개, 장식 재료(눈알 스티커, 털실 등)

책놀이 문해력 활동   변신 감자 만들기

활동 방법

1. 변신할 재료를 정하고 다듬어서 준비한다.
2. 감자와 당근을 이쑤시개를 이용해 연결한다.
3. 꾸밈 재료로 장식한다.

확장 활동

- 감자가 만났어!
- 모양 감자 물감 찍기

52
꿈을 담은 병

데버라 마르세로 글·그림 | 김세실 옮김 | 나는별

#토끼 #친구 #우정 #성장 #꿈

토끼 르웰린은 꿈꾸기를 좋아해요. 꿈을 소중히 오래오래 간직하고 싶어서 병에 담아 모으는 방법을 찾아내지요. 르웰린은 새로 사귄 두 친구와 함께 꿈을 모으기로 해요. 셋은 자유롭게 꿈을 꾸고, 곧 엄청나게 많은 꿈을 모읍니다. 그런데 갑자기 거센 폭풍이 불어닥쳐 꿈을 담은 병들이 몽땅 사라져 버려요. 꿈을 잃어버린 세 친구가 다시 꿈꿀 수 있는 방법을 찾을 수 있을까요?

- (제목의 일부를 가리고) 무엇을 담은 병일까요?
- 토끼가 들고 있는 병에는 무엇이 들어 있을까요?
- 르웰린은 왜 꿈을 병에 꼭꼭 담아 두었을까요?
- 꿈을 모은 병을 잃어버린 르웰린에게는 누가 있었나요?
- 친구들과 다시 꿈을 병에 채운 르웰린은 어떻게 했나요?

- 『꿈을 굽는 빵집』
  김희선 글·그림, 계수나무
- 『꿈을 나르는 나비』
  이미숙 글·그림, 밥북
- 『나는 되고 싶었어』
  이미숙 글·그림, 밥북
- 『반가운 손님과 꿈사탕 가게』
  콘도우 아키 글·그림, 황진희 옮김, 길벗스쿨

책놀이 문해력 활동 　반짝반짝 꿈을 담은 등

활동 준비물

- 전구병(투명한 병), LED 와이어 전구, 네임펜, 색종이(필요에 따라)

활동 방법

1. 전구병을 준비한다.
2. 나의 꿈을 쓰고 꾸민다.
3. LED 와이어 전구를 병 속에 집어넣는다.
4. 전구병 뚜껑을 닫고 불을 켠다.

확장 활동

- 꿈 나비 날리기
- 꿈을 응원하는 키링 만들기
- 꿈 새싹 심기

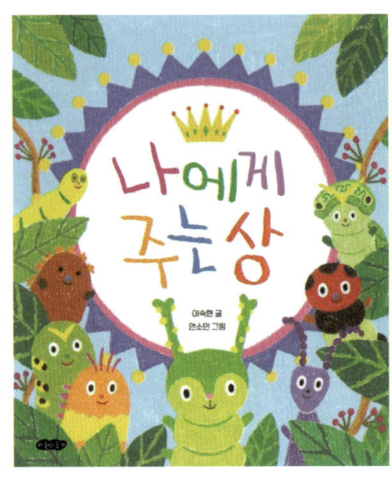

53
나에게 주는 상

이숙현 글 | 안소민 그림 | 호랑이꿈

#도전 #성장 #좋아하는 것 #잘하는것 #응원
#칭찬 #자존감 #특별한존재

하루하루 성장하는 자신을 사랑하는 작은 애벌레가 있어요. 작고 여리지만 누구보다 할 수 있는 것이 많다는 자신감을 가진 애벌레예요. 다른 애벌레 친구들도 모두 각자의 방식으로 대단합니다. 왜냐하면 각자 잘하는 것이 다르니까요. 어느 날 애벌레들에게 멋진 아이디어가 떠올랐습니다. 바로 자기 자신을 응원하기 위해 스스로에게 상을 주자는 것이었어요. 여러분은 자신에게 어떤 상을 주고 싶나요?

- 책 속에 나온 애벌레 중에서 나와 가장 닮은 애벌레는 누구인가요?
- 나는 내게 어떤 칭찬을 해 주고 싶나요?
- 내가 잘하는 것은 무엇인가요?
- 나에게 주고 싶은 상은 어떤 상인가요?
- 그 상을 주고 싶은 이유는 무엇인가요?

- 『모두 다 씨앗』
  종종 글·그림, 모알보알
- 『빨간 점』
  김지영 글·그림, 길벗어린이
- 『난 완벽하지 않아』
  마야 마이어스 글, 염혜원 그림, 이상희 옮김, 창비

책놀이 문해력 활동　　**나에게 주는 훨훨상**

활동 준비물

- 활동지, 색연필 또는 사인펜, 가위, 풀
★부록 활동지를 사용하세요.(p. 223)

활동 방법

1. 활동지 중 네모 모양을 잘라 반을 접는다.
2. 상장 모양을 오리고, 나에게 주고 싶은 상을 적고 색칠하여 표지에 붙인다.
3. 훨 모양, 나비, 글자 등 원하는 모양을 오린다.
4. 안쪽에는 상을 받은 나를 축하하는 메시지와 함께 훨북 활용법을 활용해서 꾸민다.
5. 훨 모양은 한쪽의 중간에 뒤쪽을 고정하고, 위쪽 끝부분을 풀칠해서 덮는다.
6. 나머지 재료를 균형 있게 배치한다.

확장 활동

- 나비 팝업북 만들기
- 응원 카드 만들기
- 디폼 블럭 응원 단어 만들기

54
무엇이든 할 수 있는 손 손 손

정연경 글, 김지영 그림 | 책속물고기

#손 #호기심 #탐구심 #감각 #경험

손이 어떻게 생기고 어떻게 움직이고 어떻게 기능하는지 놀이처럼 보여 주는 책이에요. 아이들은 재미나고 개성 넘치는 그림에 집중하며 나의 손에 적극적으로 관심을 가지게 돼요. 장면 장면을 능동적으로 따라 해 보면서 나의 손으로 할 수 있는 일이 얼마나 많은지, 나의 손이 얼마나 중요한 역할을 하는지 깨닫게 돼요.

- (제목을 가리고) 책 제목은 무엇일까요? 우리 몸에서 찾을 수 있어요!
- 손으로 무엇을 할 수 있을까요?
- 엄지손가락과 집게손가락이 힘을 합치면 무엇을 할 수 있나요?
- 손이 일을 더 잘하려면 무엇이 필요한가요?
- 내 손이 한 일 중에서 가장 대단한 일은 무엇인가요?

- 『손바닥 동물원』
  한태희 글·그림, 예림당
- 『나의 손』
  푸아드 아지즈 글·그림, 권재숙 옮김, 봄개울
- 『손으로 몸으로 ㄱㄴㄷ』
  전금하 글·그림, 문학동네
- 『손이 필요해』
  여기(최병대) 글·그림, 키큰도토리

활동 준비물

- 풍선, 가위, 휴지심, 마스킹테이프(투명테이프), 작은 크기 뽕뽕이, 색종이, 풍선

책놀이 문해력 활동 **팡팡! 풍선 폭죽**

활동 방법

1. 풍선의 아래 동그란 부분을 1cm가량 자른다.
2. 휴지심을 색종이로 꾸미거나 사인펜이나 색연필로 색칠한다.
3. 휴지심 한쪽에 풍선을 씌우고 마스킹테이프로 잘 붙인 뒤 아래쪽은 묶어 준다.
4. 안쪽에 뽕뽕이를 집어넣는다.
5. 아래쪽의 묶은 부분을 잡아 당긴다.

확장 활동

- 종이컵 전화기
- 모래 떡 만들기
- 손가락 그림자놀이

55 나는 컵이 아니야!

나다울 글, 김지영 그림 | 토끼섬

#상상 #컵 #변신 #놀이 #상상스위치

노란 컵 하나가 "나는 컵이 아니야!"라는 엉뚱한 말을 해요. 그러고서 계속 다른 모습으로 변신하며 독자를 움직이게 하고, 상상하게 하고, 유추하게 만들어요. 이 정도면 정말 컵은 컵이 아닌 게 아닐까요? 컵의 변신이 궁금하다고요? 그렇다면 컵 하나를 준비하고 컵의 말대로 동작을 따라 하면서 컵이 무엇으로 변신할지 상상해 보세요. 컵은 과연 무엇으로 변신할 수 있을까요?

- (제목을 가리고) 표지 그림을 보고 제목을 지어 볼까요?
- 컵은 어떤 모습으로 변신했나요?
- 가장 맘에 드는 컵의 모습을 표현해 볼까요?
- 컵을 변신시킬 수 있다면 무엇으로 바꾸고 싶나요?
- 왜 그런 모습으로 만들고 싶나요?

- 『작고 작고 큰』
  타나카 타츠야 글·그림, 권남희 옮김, 토토북
- 『초밥이 옷을 사러 갔어요』
  타나카 타츠야 글·그림, 권남희 옮김, 토토북
- 『리본』
  아드리앵 파를랑주 글·그림, 박선주 옮김, 보림
- 『너도 가끔 그렇지?』
  이재경 글·그림, 고래뱃속

활동 준비물

- 활동지, PVC 컬러 셀로판지, 고리, 가위, 펀치

★부록 활동지를 사용하세요.(p. 225) 나머지 모양은 자유롭게 오리세요.

책놀이 문해력 활동   상상 컵 모빌

활동 방법

1. PVC 컬러 셀로판지를 컵 도안에 맞추어 가위로 오린다.
2. 컵 도안 외에도 자유롭게 여러 가지 모양을 상상하며 오려서 함께 준비한다.
3. 오린 셀로판지 조각들을 조합해 나만의 개성 있는 모양을 만든다.
4. 각 조각에 펀치로 고리를 걸 수 있는 작은 구멍을 뚫는다.
5. 고리를 이용해 셀로판지 조각들을 연결한다.
6. 위쪽에 고리를 하나 더 달아 매달 수 있도록 한다.

확장 활동

- 종이컵 볼링
- 종이컵 업사이클링 만들기
- 컵 보물찾기
- 컵케이크 만들기

부록
(활동지)

4. 산타와 함께 춤을 북극곰 | 산타와 함께 노래를!

무어게?

동그라미, 세모, 네모, 구름 모양 하면 떠오르는 것을 상상하여 표현해 보세요.

7. 뭐라고 불러야 해? 달그림 | 너의 이름은?

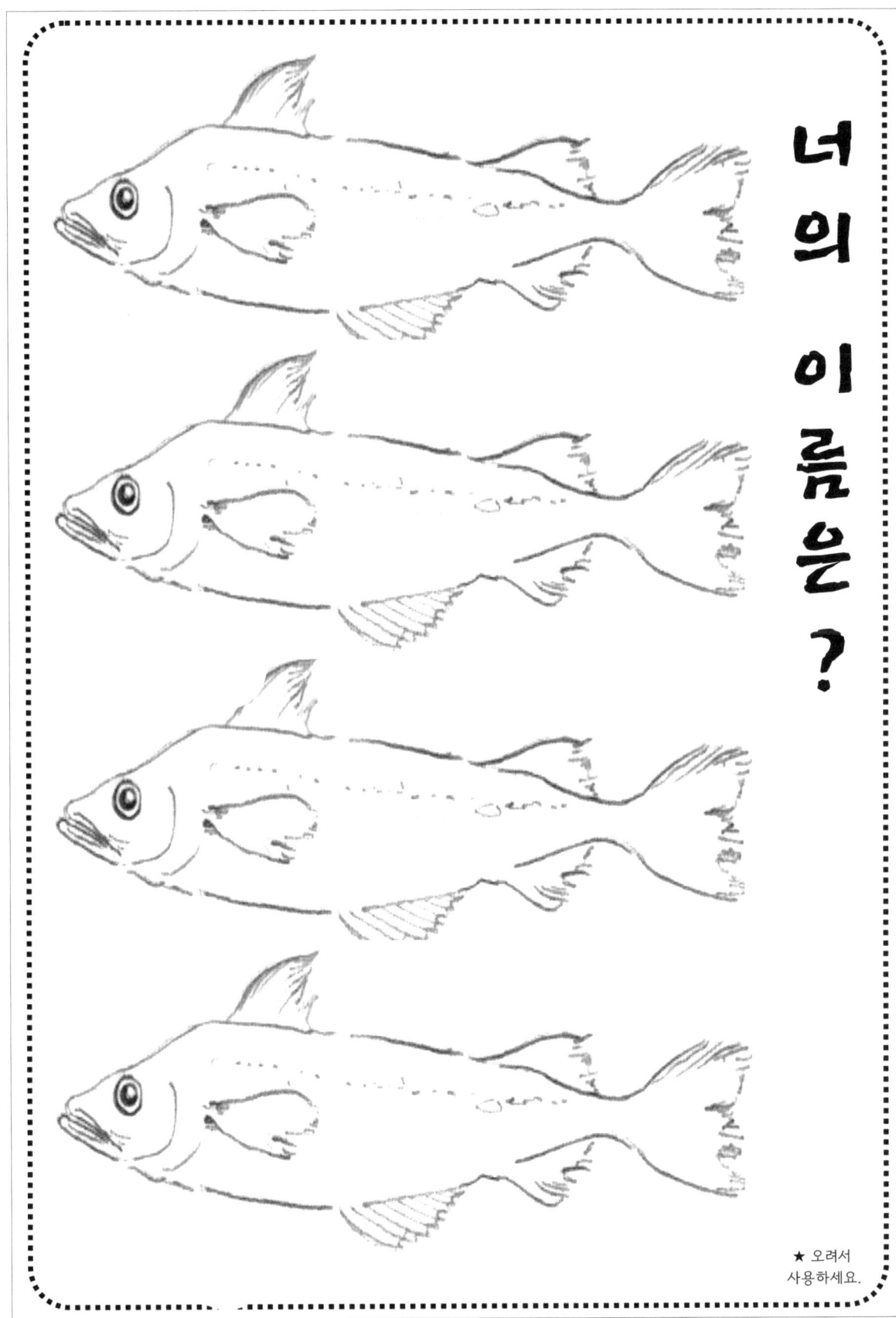

너의 이름은?

★ 오려서 사용하세요.

7. 뭐라고 불러야 해? 달그림 | 너의 이름은?

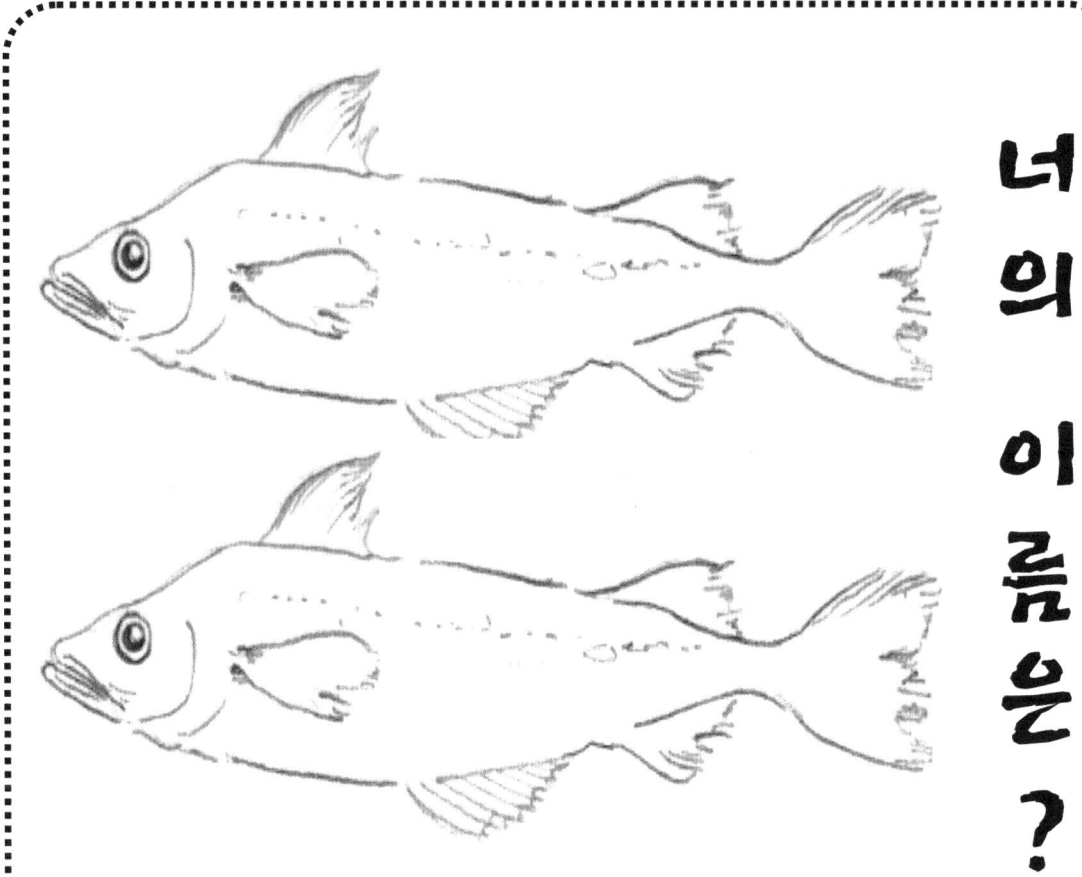

너의 이름은?

너무 바짝 말려져 딱딱하면	꽁꽁 얼린 명태
내장과 아가미를 빼고 코에 꿰어 반건조한 명태	얼렸다 녹이기를 반복해 노랗게 말린 명태
껍질이 검게 마른 북어	갓 잡아 올리거나 얼리지 않은 명태

★ 오려서 사용하세요.

8. 뇌가 궁금해 모알보알 | 뇌가 궁금해!

뇌가 궁금해!

★ 오려서 사용하세요.

- 몸이 움직임, 말하기, 생각을 정리해요.
- 촉감을 느껴요.
- 몸 전체와 소통할 수 있어요.

우리 몸의
- 눈으로 무엇을 보는지 알 수 있어요.
- 소리를 듣고 기억해요.
- 몸의 균형을 유지해요.

9. 누구일까요? 보림 | 똑똑 누구십니까?

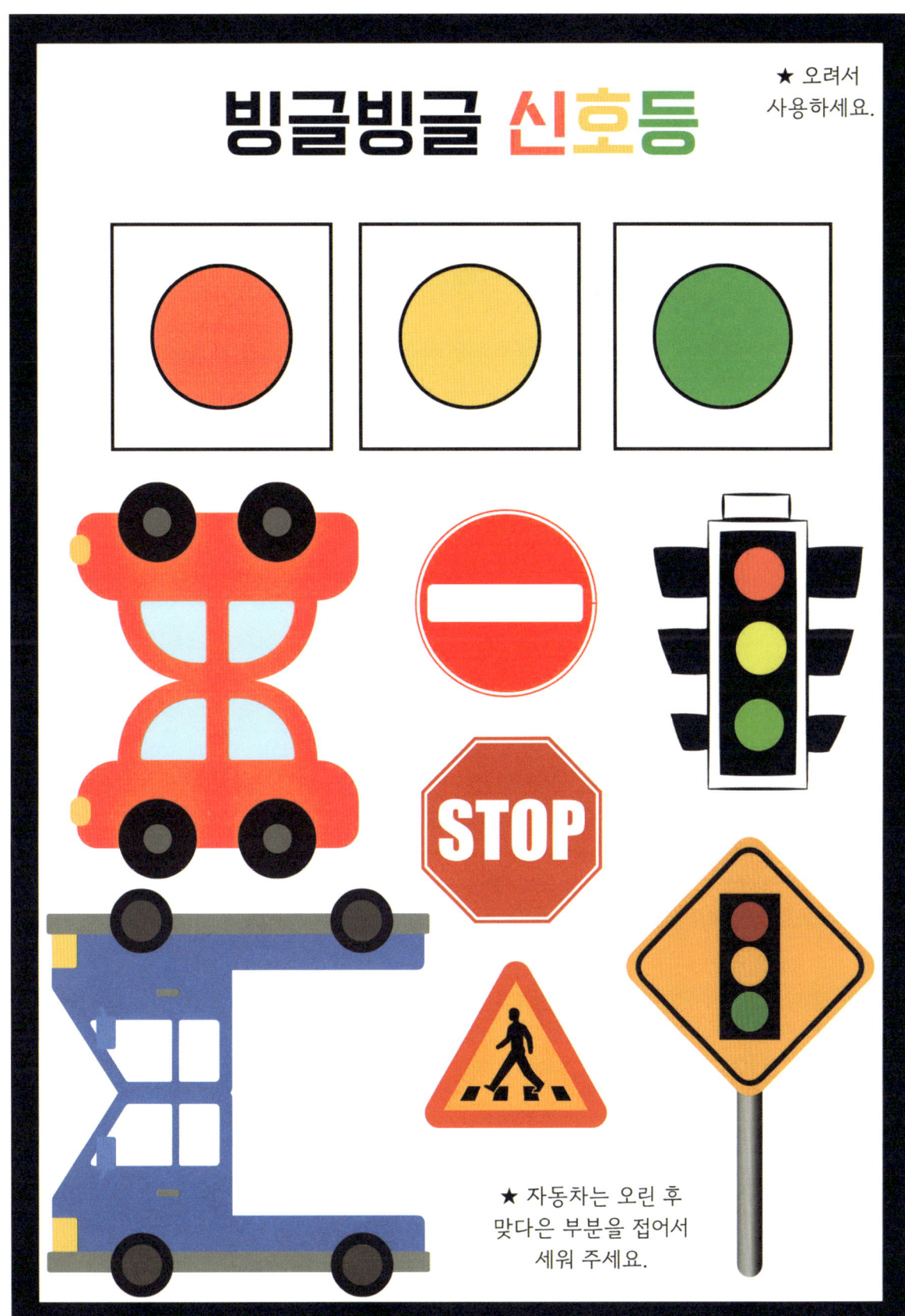

12. 뭐든지 나라의 가나다 보림 | 가나다 낚시 놀이터

🍎 가나다 낚시 놀이터 낱말카드-1

가지 🍆	가방 🎒	나무 🌳
나비 🦋	다리 🦵	다리미
라면 🍜	라디오 📻	마차
마술사	바지 👖	바나나 🍌
사자 🦁	사다리	

12. 뭐든지 나라의 가나다 보림 | 가나다 낚시 놀이터

🍎 가나다 낚시 놀이터 낱말카드-2

아파트 🏢	아기 👶	자석 🧲
자전거 🚲	차례	차도 🚗
카드	카메라 📷	타조
타이어	파리 🪰	파도 🌊
하마	하늘 ☁️	

13. 숫자 숨바꼭질 봄개울 | 변신 숫자

14. 심장이 궁금해 모알보알 | 심장이 쿵쿵쿵

15. 조금씩 방울토마토
봄개울 | 소원이 주렁주렁+조금씩 관찰일기

조금씩 관찰 일기

월   일   요일   날씨:

제목

18. 웃음이 퐁퐁퐁 천개의바람 | 깔깔 까꿍

★ 오려서 사용하세요.

엄지척 트로피

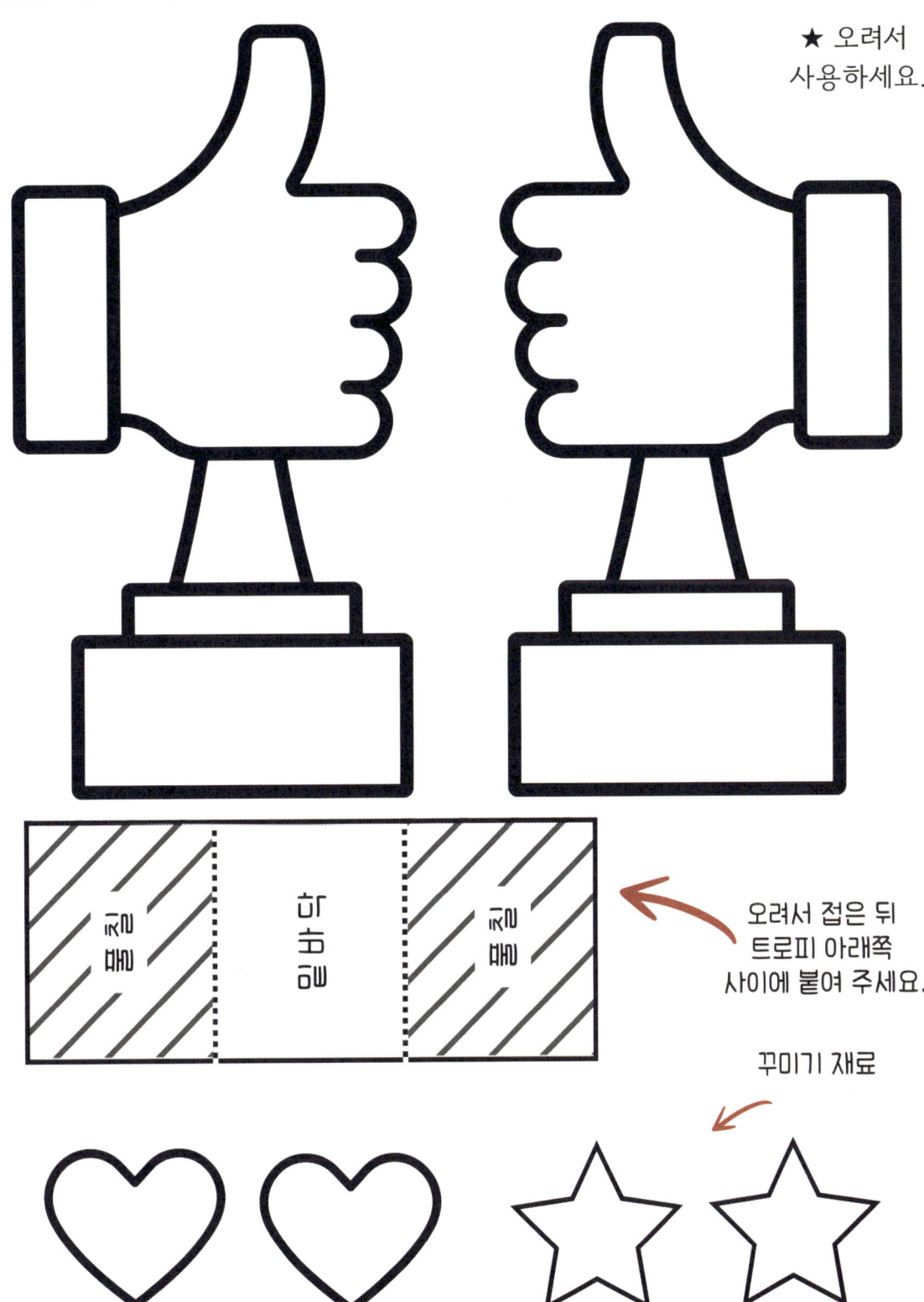

21. 너에게 키큰도토리 | 안아 주세요!

★ 오려서 사용하세요.

21. 너에게 키큰도토리 | 안아 주세요!

★ 오려서 사용하세요.

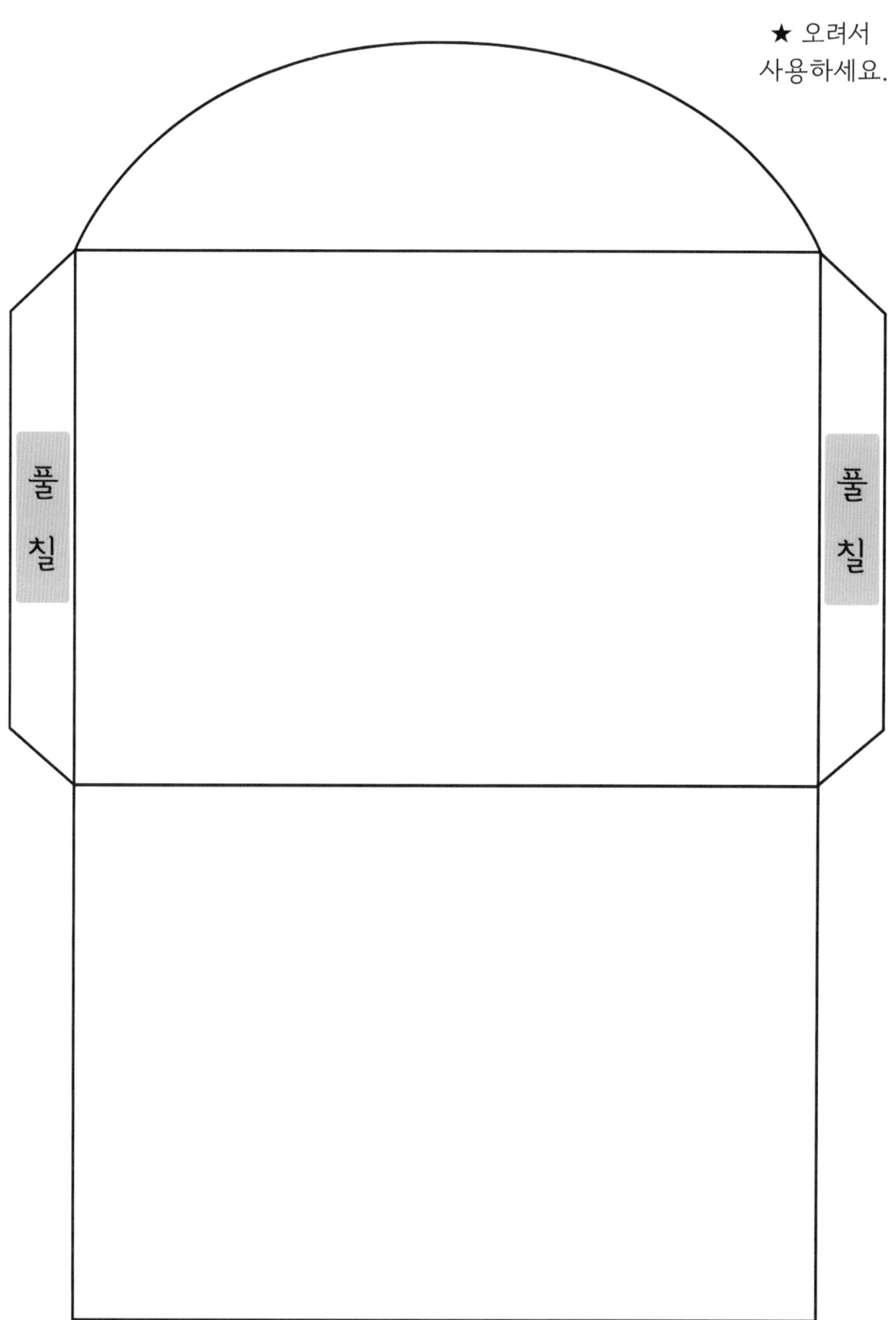

22. 싹싹소풍 토끼섬 | 싹싹 분리배출

이름:

날짜:

싹싹 분리배출

싹싹 우리가 잘 버리면 지구가 하하 웃어요! 알맞게 분리배출 해 보세요.

㉠ 어려서 분리수거통 끌어 주세요.

| 종이 | 플라스틱 | 캔류 | 유리 | 비닐류 |

올바른 분리배출, 이렇게 해요!

- 음식 묻은 건 물로 씻어요!
- 페트병은 투명이랑 색깔 따로 따로요!
- 종이상자에 붙은 테이프도 떼요!
- 깨끗한 비닐류, 플라스틱은 플라스틱통!
- 깨진 유리는 조심조심! 신문지에 싸서 일반쓰레기에 버려요!
- 캔은 쑥쑥 비우고 깨끗하게!
- 찌그러뜨리면 더 좋아요~

22. 싹싹소풍 토끼섬 | 싹싹 분리배출

생각꽃이 필거야

1. 꽃잎 도안을 오려주세요.

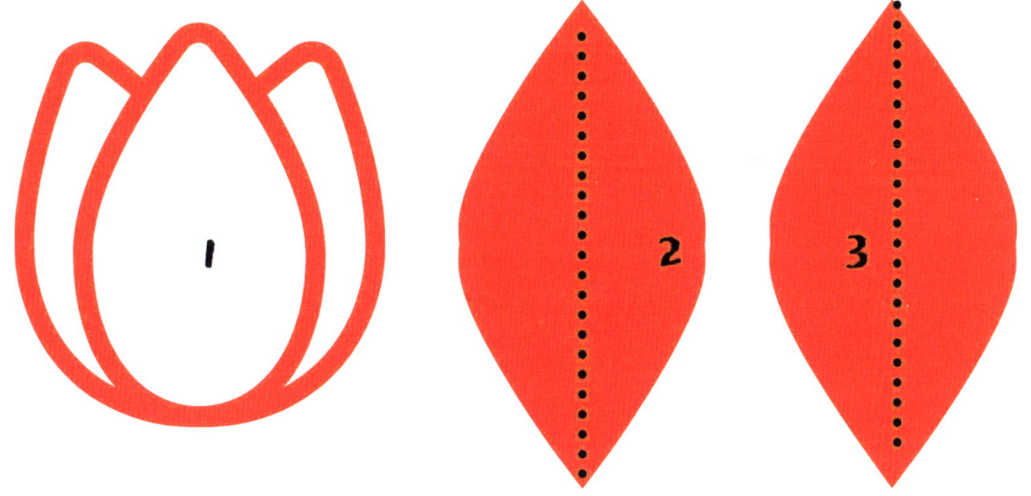

2. 하트 도안 오려주세요.

28. 그네
바이시클 | 함께 그네

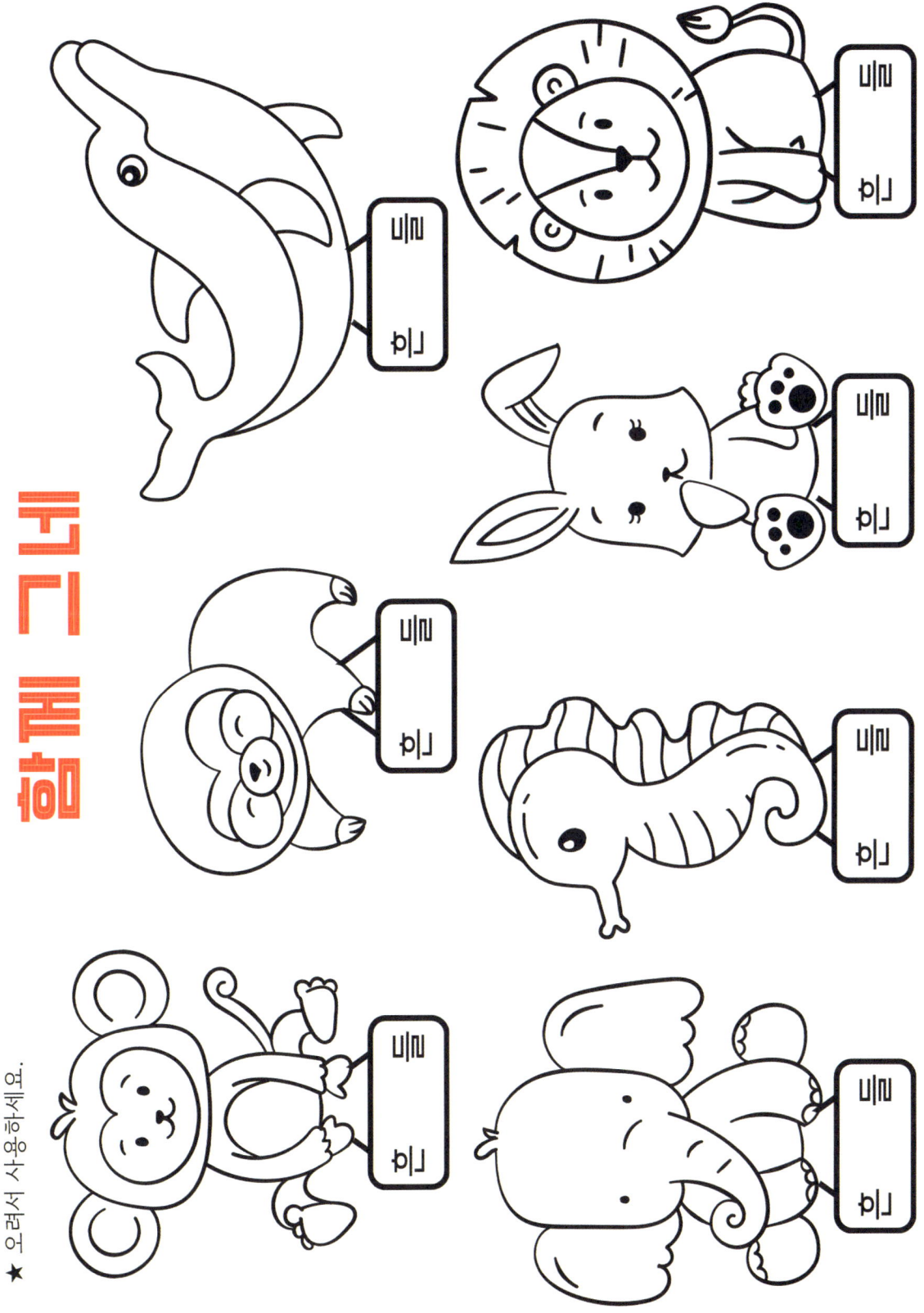

30. 긴긴 겨울밤 초록나무는 모알보알 | 허니 트리 카드

★ 오려서 사용하세요.

30. 긴긴 겨울밤 초록나무는 모알보알 | 허니 트리 카드

45. 마음 식당 킨더랜드 | 마음 식당으로 오세요!

47. 봄 선물이 와요 천개의바람 | 시들지 않는 꽃

★ 오려서 사용하세요.

47. 봄 선물이 와요 천개의바람 | 시들지 않는 꽃

49. 오이 동그라미 시공주니어 | 오이의 변신

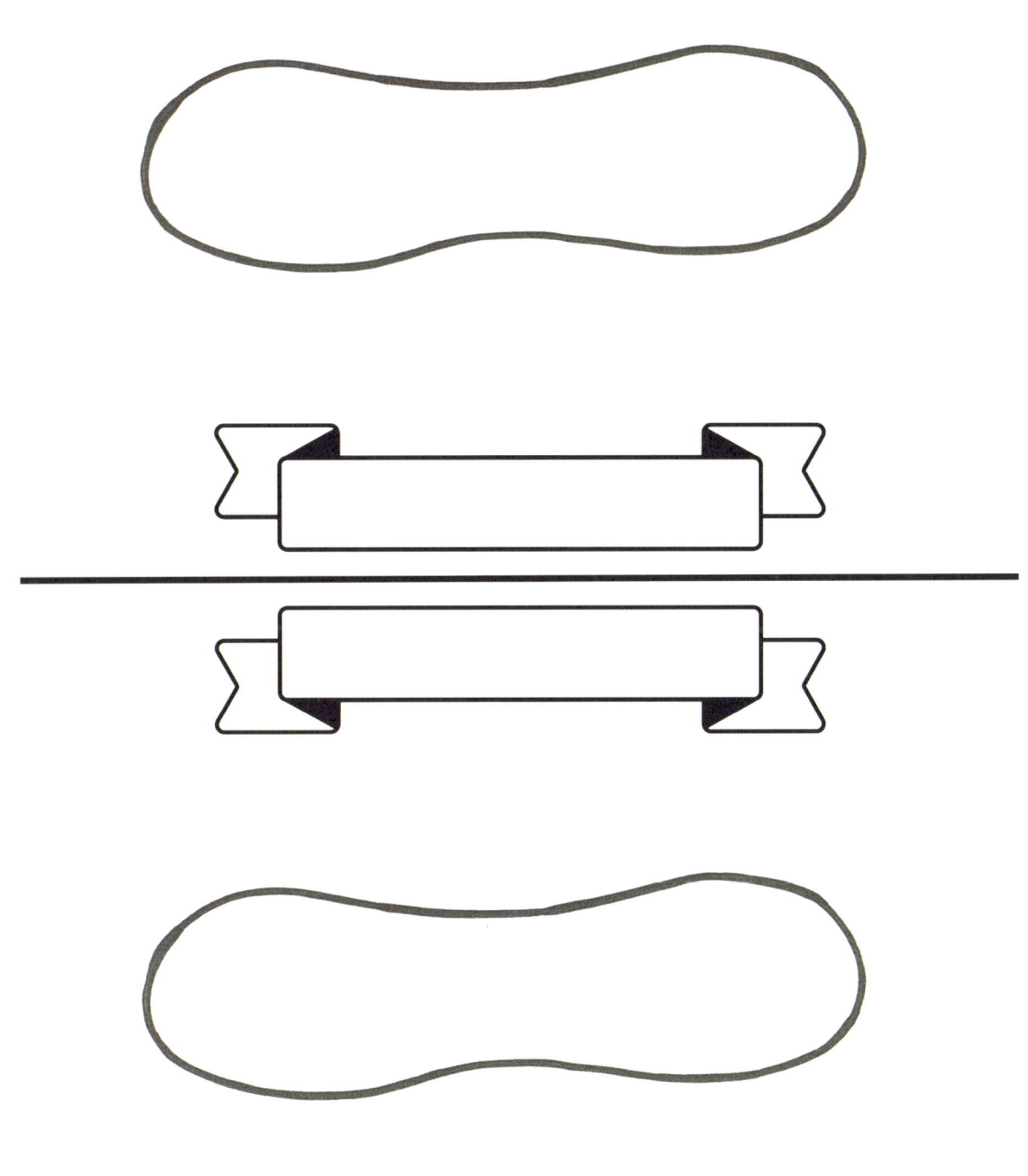

바닥면

★ 실선은 오리지 말고 접어서 사용해 주세요.

53. 나에게 주는 상 호랑이꿈 | 나에게 주는 훨훨상

★ 오려서 사용하세요.

55. 나는 컵이 아니야! 토끼섬 | 상상 컵 모빌

★ 도안으로 사용하세요.